WIZARD

隠れた「新ナンバーワン銘柄」を見つける方法

目からウロコの大化け株スクリーニング

NO.1

The Little Book of Picking Top Stocks

How to Spot Hidden Gems

by Martin S. Fridson

マーティン・S・フリッドソン［著］

長岡半太郎［監修］　藤原玄［訳］

Pan Rolling

The Little Book of Picking Top Stocks : How to Spot Hidden Gems
by Martin S. Fridson

監修者まえがき

本書は、レーマン・リビアン・フリッドソンの最高投資責任者であるマーティン・フリッドソンの著した"The Little Book of Picking Top Stocks : How to Spot Hidden Gems"の邦訳である。これは、多くの銘柄（例えばＳ＆Ｐ五〇〇指数採用銘柄）のなかから、最も高いパフォーマンスを上げる銘柄を事前に見極める方法を解説したものである。

第１章では、現在世界中で広く使われている会計基準（ＧＡＡＰ）が、元々クラッシックな製造業を前提として作られており、現在のサービス産業を中心とする成長性のある企業の実態を把握するには無理があること、また企業価値の評価基準としてのＥＰＳ（一株当たり利益）に妥当性がないこと、そしてアナリストのＥＰＳ予想が、企業の経営陣とのなれ合いの結果にすぎない茶番であることが述べられている。

第２章、第３章では、ここ数年間で極めて高いリターンを上げた銘柄の特徴が解説されている。そして第４章では、そうしたナンバーワン銘柄を抽出するためのスクリーニング基準について論じている。著者らの調査によると、信頼に足る特徴量はボラティリティ、アナリストによるEPS予想のばらつき、債券格付け、および時価総額の四種である。ここで第1章が第4章の伏線であったことが分かる。市場関係者がEPSに無駄な関心を寄せていればいるほど、その予想が外れたときの反応はより大きくなるからだ。

だが、どれだけ多くのデータを集めても、最上位の銘柄だけを正確に当てるのは神ならぬ身である人間には不可能なことである。しかし、実際のトレードではそれはほとんど問題とはならないだろう。なぜならS&P五〇〇のなかでここ数年間に最も高いパフォーマンスを示した銘柄の年間リターンは八〇~七四三%と驚異的であり、この試みの正答率の低さはリターンの高さによって十分埋め合わせが効くからである。

本書で示された四つの基準（もしくはその代理変数）は、どれもオンライン証券会社や株式ポータルサイトが提供するスクリーニングツールで利用可能なものばかりである。読者は、著者が示したスクリーニング基準を使って、潜在的な高パフォーマンス銘柄を容易に絞り込むことができるだろう。

二〇二三年一一月

長岡半太郎

目次

Contents

本書を兄弟のハワード・フリッドソンに捧げる。彼は友人や愛する人々が人生の難題を乗り越える手助けをする良き手本となってくれている。

序文

セオドア・R・アロンソン

マーティン・フリッドソンは、ウォール街には珍しい教養あふれる人物だ。彼は優秀な投資家であり、歴史家（資本市場に限らない）であり、音楽の愛好家である。彼は優れたウイットの持ち主で、とりわけしゃれが効いている。また、私をはじめとする多くの者たちのインスピレーションの源ともなっている。

われわれのキャリアはほとんど重なり合っている。軌道はすぐに離れてしまうのだが、数十年の間に忘れられない交わりが何回かあった。私はドレクセル・バーナムで、マーティーはミッチェル・ハッティンズでキャリアをスタートさせた。私は株式の道を進んだが、マーティーは債券に取り組んだ。私はすぐに起業したが、マーティーは数多くの一流企業を渡り歩いた。私はかつて「ウォール街のクリッピングサービス」と呼ばれたが、マーティーは「ハイイールド市場の司祭」となった。われわれは数十年前にCFAインスティテュート（旧AIMR）での仕事を通じて友人となった。

CFAインスティテュートからファイナンシャル・アナリスツ・ジャーナルに至るまで、マーティーの投資業界に対する貢献は大きなものがある。多くの書き手たちが、エンタープライジング・インベスター・ブログのレビュアーという役割を担うマーティーにビクビクしながら暮らしている。特に、彼の最後のコメントにおびえているのだが、それはマーティーが彼らの文章に見いだした誤り――事実、言葉、歴史的文脈……うわぁ――を明らかにしてしまうからだ。だが、彼らが苦情を言うことはない。彼らはマーティーが数多くの重要な出版物の著者兼編集者であり、批評するだけの資格があることを知っているのだ（ピーター・バーンスタインやジャック・ボーグルのような人物までが彼の指摘に感謝したことは驚きだ）。

マーティーが書く文章は、話題に関係なく教養がにじみ出ている。彼の投資テーマには常に市場の歴史から得られた豊富な教訓が付随する。読み手にとっては付加的なメリットなのだが、音楽に対する深い愛情を持ち、妻であるエレーン・シスマンがコロンビア大学の音楽教授として行う集中訓練を受ける彼は、どうしても音楽を引き合いに出してしまう。

だが結局は、マーティーは投資家として筆を進める。レーマン・リビアン・フリッドソン・アドバイザーズの最高投資責任者である彼は自らの投資アプローチを「クオンタメンタル」と説明している。初心者にとって、クオンタメンタリストとはウォール街の聖杯だ。つまり、データを理解し、それをファンダメンタルズ分析と結びつける者である。マーティーが読者に伝えようとしているのは数字にとどまらない。彼は経験豊富な証券アナリストとしての知見と債券投資家としての計算面での厳格さとを組み合わせている。彼の優れた秘術を説明する最良の書が『ファイナンシャル・ステートメント・アナリシス（Financial Statement Analysis : A Practitioner's Guide）』の第五版だ。

ハイイールド市場の司祭による最新の力作のタイトル（『The Little Book of Picking Top Stocks』）に驚くかもしれないが、その意味は「ナンバーワン銘柄を選び出せ」だ。実際に、マーティーのようなハイイールド債の投資家にはファンダメンタルズ分析と複雑な計算を行う経験という強みがあるので、定性面と定量面で重要な知見を示すことができる。本書のタイトルを見ると過去に読んだほかの投資本を思い出すかもしれないが、本書は洞察力に富み、有益で、刺激的であり、さらには正しいという利点を持つ唯一無二の一冊だ。

投資家としての私のキャリアはマーティーと交わることでより良いものとなっている。投資家として、そして生涯を通じて市場を学ぶ者として、私は彼の文章の豊かさのおかげで、いっそう幸せなのだ。本書において、博学なるマーティン・フリッドソンはわれわれ皆とその豊かさを共有してくれている。

ＡＪＯビスタ共同創業者兼ＣＦＡインスティテュート元会長

心の準備はよいだろうか。皆さんはこれからまったく新しい角度から株式市場を見ることになる。本書では、S&P五〇〇を構成する銘柄のうち一年で最も優れたパフォーマンスを上げる株式を探し出すことに焦点を当てる。本書で検証している期間において、そのような銘柄が生み出した一年間のトータルリターンには八〇％から七四三％の幅がある。

標準的な投資手法については何回も目にしてきたことだろう。金融機関や個々のウエルスアドバイザーたちが提示する投資テーマはよく知られたものだ。つまり、「長期に目を向けよ。分散せよ。健全な利益を上げ、実績ある経営陣がいるクオリティーの高い企業に専念せよ」。これらは賢明なアドバイスで、将来の安定した資本形成を望むのであれば耳を傾ける価値はある。

だが、現実に目を向けてみよう。このような慎重な原則ではおよそ説明できないような行動を取っている投資家たちがいる。巨万の富を求めて株式を買う人々が少なからず存在する。現在から四〇年後の引退までの間の話ではなく、今すぐ大金を手にしようとしている。彼らは「シングルヒットをたくさん打つ」ことにまったく関心がない。彼らは今すぐに試合を決めるようなグランドスラムを狙ってスイングしている。

二〇二一年、いっときの満足を求める投資スタイルがビジネス雑誌などで大きく取り上げられた。新たな市場参加者の群れはミーム株に夢中になった。ソーシャルメディアで大いにバズッたいくつかの企業の株価は月まで上昇した。そして、最後には元に戻ったケースもある。

ミーム株のファンたちは自分たちの老後の資金やまだ見ない子供たちの大学の学費を賄うことを考えていたわけではない。彼らの「ストンク」ピッキングにファンダメンタルズ分析は無用だった。これら無謀なばくち打ちのなかには、自らが資金を投じている企業についてまったく何も知らないことを自慢する者さえいた。また、彼らはリスクの分散などちっとも気にしていなかった。あるインフルエンサーは次のようにアドバイスした。「YOLO（人生は一度きり）のトレードを決めるときは、ポートフォリオの九八％から一〇〇％をそれに投じるべきだ[1]」

大勝ちする一つの銘柄を求めることは新しい考えではない。過去数世紀におけるすべての市場のブームにおいて、それまで株価にほとんど注意を払っていなかった人々が一獲千金に魅了されてきた。ニュース報道では当然のことだが、一〇〇〇％上昇した銘柄に関する報道は、五〇％上昇した指数に関する報道よりも多くの注目を集める。そのような報道に基づいて、多くの初心な投資家は自分たちのわずかばかりの蓄えのすべてを次に急騰するかもしれない企業に投じることで、大金を得ることができると結論する。唯一の残った問題は、そのような企業をどのように見つけるかということである。

このような考え方は、過去に数え切れないほどの暴騰した株が突如暴落したことを見てきた経験豊かな投資家にとってはあきれるほどナイーブなものに思える。だが、永続的に大きな利益をもたらす企業もあるだろうと考えることはもっともなだけでなく、ほとんど不可避でもある。素晴らしい技術的なブレイクスルーがそれを商業化することに成功した企業に天文学的な利益成長の可能性をもたらすことがあるからだ。

先人たちにとって、「次なるゼロックスを見つける」ことはわずかな資金と有閑階級に加わる夢を持った労働者たちの憧れだった。ゼロックスのコピー機は事務仕事に革命をもたらした。ゼロックスの株価はＮＹＳＥ（ニューヨーク証券取引所）に上場していた一九六一年半ばから一九六五年半ばまでに一五倍にもなった。だが、そのような上昇でさえも、ＮＹＳＥに上場する以前の株価上昇の前ではかすんでしまう。史上最安値となった一九四九年から一九九九年の高値までを合計すると、ゼロックスの株価は四五〇〇倍に上昇したのである。

その後も、多くのスーパースター銘柄が登場している。取引で巨額の利益を得るために必ずしも忍耐は必要なかった。例えば、シスコ株は一九九一年に一九五%上昇した。一九九九年、オラクルの株価は二八九%も上昇した。一九九八年、アマゾン株は驚くべきことに九六七%も上昇した。

短期間でのセンセーショナルな株価上昇はハイテクセクターに限ったことではなかった。トラクターサプライは二〇〇一年に三〇一%急騰した。三年後、モンスタービバレッジは一年で三三二%上昇した。

私は毎月の給料から五〇ドルを株式投資に充てるようになったとき、このような華々しい一発勝負に賭けようとは思っていなかった。ビジネススクールで受けた教育、トレーダーとして受けた訓練、そしてCFA（認定証券アナリスト）の資格を得るための勉強のすべてが、数多くのさまざまな銘柄を綿密に調査することでほどほどの利益を安定的に生み出すことを強調していた。

その後、一九八三年ごろに私はより大胆な方法に関する洞察を得た。当時、私は同窓会の企画担当の副会長を務めていた。私は、あるファイナンシャルアドバイザーによるプレゼンテーションを予定していたのだが、彼は長期的に我慢強く純資産を築くための周到な計画を提示した。主たる要素は、コツコツとお金を貯めること、ドルコスト平均法を用いること、バランス型ポートフォリオを組むことで毎年の回転率を抑えること、そしてインカムゲインとキャピタルゲインの課税を意識することだった。

プレゼンテーションが終わると、一人の同窓会メンバーが軽蔑するかのように言い放った。彼は「それじゃ、ライフスタイルを変えられないじゃないか」と嘲笑ったのだ。彼が、参加者たちはより投機的な未公開株に投資すべきだと言っていることが私にははっきり分かった。偶然にも、彼はそのような取引を職業としていたのだ。

私の講師選定に対する散々な評価も、私が投資手法を抜本的に変えるきっかけとはならなかった。個人的な投資でも、そして後にプロのファンドマネジャーとしても、私は伝統的な原則に頼り続けていた。つまり、成長する世界経済の一部分を保有することで長期にわたり富を築く、というものだ。

証拠は明白だ。市場のタイミングを計るという幻想を回避し、流行から遠ざかることで、老後の資金を蓄えることは可能である。その資金がどのくらい大きなものになるかは、来る年も来る年もどれだけの収入を蓄えに回し、投資するかにおおよそ依存する。抜け目なく銘柄を選択することで、市場平均よりも高い比率でその富を増大させるとしたら、なおのこと結構だ。

だが、ライフスタイルを変えられるほどの大儲けをするという私の同窓生のコンセプトは重要な問題を提起していた。つまり、証券会社や運用会社の広告に描かれている安全指向の中流階級の夫婦は一般投資家のほんの一部でしかないということだ。かなりの数の人は五〇〇〇万ドルの住宅や五〇万ドルの自動車を夢見ている。それも、できれば今すぐに手に入れたいのである。そのような投機家たちの希望は、市場が絶頂の極みから後退するたびに粉々に砕け散る。次なる急騰が起こると、同じ一獲千金の夢を追いかける次なる世代の新参者たちが登場する。そして前回やけどを負った者でさえ、今度はうまくいくだろうと確信するのだ。

これは、一九九〇年代のドットコム騒ぎのような市場の熱狂を超えて広がる人間の行動の一側面である。二〇〇〇年代に住宅価格が急騰すると、持ち家の夢はあっという間に少額を運用して住宅用不動産という富を築こうとするものへと姿を変えた。もしこれが競馬のオッズメーカーを打ち負かす「システム」を採用することで億万長者になるのと同じくらい実現可能なものと思えるならば、偶然ではない。

「プレーイング・ザ・マーケット(playing the market)」という広く知られた言葉について考えてみてほしい。これは公共の福祉の守り人を自ら任ずる者たちが「投資のゲーミフィケーション」を非難し始めるはるか以前から存在した。ポートフォリオのすべてを一つの銘柄に集中させ、それで大金を稼いでライフスタイルを変えられると期待するのは、すべてのチップをルーレットの一つのナンバーに賭けることと大して違いはない。一九九九年にFRB(米連邦準備制度理事会)議長のアラン・グリーンスパンが大人気のインターネット銘柄を買うことを宝くじで一等が当たるのを期待することになぞらえたのも当然である。

一方、カジノでギャンブルをする人たちのすべてが老後の蓄えを危険にさらすわけではない。多くの者たちがブラックジャックを楽しんだり、何時間もスロットマシンにお金を流し込んだりするのは娯楽だと分かっている。彼らはそうすることでおそらくは数百ドルを失うことになると自覚しているが、運に恵まれる可能性も常に存在する。

要は、ファイナンスの教科書が総じて仮定しているように、すべての者たちが真にリスク回避的であるわけではない。リスクをとることに心理的喜びを得る者もいる。知的難問が関係していれば、とりわけ魅力的だ。財政的なリスクについて言えば、スリルの追及を害のない行動に向ける方法を見いだすことが問題となる。この文脈での「害のない」とは「最悪のケースでも、何か別の形の興奮に費やされる以上の負担を強いられることはない」という意味だ。

権威あるウォートンスクールのファイナンスの名誉教授ジェレミー・シーゲルはミーム株についてこう述べている。「私はいつも若い人々に提案しているのだが、ポートフォリオの一〇％または一五％を使ってそのようなゲームを楽しみたいなら、それも良かろう。だが、残りの八五％は長期のインデックスファンドに投じておきなさい、と」[2]。私の判断では、一〇％または一五％は投機の衝動を満足させるために必要な割合よりもはるかに大きい。残りの九八～九九％を投じる対象としてインデックスファンドが唯一信頼できる選択肢でもない。だが、シーゲルのコメントは、投資家は多くのファイナンスの研究が描き出しているような計算能力を持った無感情のロボットではないという現実を認めている。

完璧だと思われる株式市場を出し抜くことはあり得ないことを説明するためにわが国の大学がどれほど多くの研究を発表しようとも、後にクソであることが判明するかもしれない株式との逢瀬を楽しもうとする投資家は存在する。彼らが賢明であれば、そのアイデアに全財産を賭けようとする衝動を抑えつけることだろう。次に問題となるのが、そのようなキラー銘柄を見いだすにはどうすれば良いか、である。

ウォール街のリサーチに満足いく答えを見いだすことはない。確かに、それらのリポートを書いているアナリストたちは概して極めて優秀だ。彼らはフォローしている業界に精通している。しかし、彼らはそのＩＱと知識をどのような目的に使っているのだろうか。

彼らの主たる仕事は機関投資家である顧客たちが市場平均に打ち勝つ手助けをすることだ。それらファンドマネジャーたちは市場に大勝ちする必要はない。毎年全体の上位五〇％に入る成績を安定的に収めるファンドマネジャーは最終的には上位二五％に入ることになるだろう。このような安定的なアウトパフォーマンスは、年金基金、寄付基金、富裕層、投資信託の顧客たちからの追加の運用資金を引きつけることになる。より多くの運用資金が集まれば、手数料収入も増えることになる。

このようなシステムのなかで競争している組織は自らの事業を、成層圏まで上昇するかもしれないが、暴落する可能性もある一つの銘柄のリスクにさらすことはない。プロのファンドマネジャーたちは、ウォール街のアナリストが一つの銘柄を「マーケットパフォーム」から「アウトパフォーム」に引き上げたり、株価目標を一〇％引き上げたりすると活気づくのだ。彼らは「すべての株の王」といった推奨を探しているのではない。彼らは非常に多くの銘柄にリスクを分散する。それら銘柄のリターンが平均してインデックスのリターンを上回るようになれば理想的だ。だが、彼らは、市場に追い付くために何年もかかってしまうような穴にはまり込んでしまうことは是が非でも避ける必要がある。

そのため、ナンバーワン銘柄に狙いを定めているならば、月並みな調査リポートは限られた、専門的な形でしか役に立たないだろう。それはすでにナンバーワンの候補として見いだしている企業の内実を知る一助にはなるだろう。調査リポートの深掘りを始める前に行う最初のステップは、過去に最も優れたパフォーマンスを上げた銘柄に最も似ている銘柄を探し出すことだ。これは株式分析における優先事項ではないが、本書の第一の関心事である。

誤解のないように記すと、本書はそれを望んでいない読者にホームランを狙うよう後押しすることを目的とはしていない。私は語っているのであり、売り込んでいるのではない。だが、優良株について学ぶことで、市場のダイナミズムに対する理解を深め、より良い投資家となれるだろう。

実際に、投資クラブに所属していたり、友人と株式について語り合うことを楽しんでいたりするだけだとしたら、試してほしいアイデアがある。毎年年末を迎えるにあたり、皆に翌年最良のパフォーマンスを上げると期待されるS&P五〇〇の構成銘柄を挙げさせる。そして全員で数ドルずつを積み立て、優勝者は商品券を受け取るか素敵なレストランでのディナーに招待されるようにする。参加者たちは望むのであれば候補に挙げた銘柄を数株買うこともできる。

過去の経験から判断すると、選んだ銘柄がその年の五番目となっても、さらには五〇番目となっても、かなりの成功を得られる。だが、最大の利益は調査をすることから得られるだろう。本書で学ぶことに基づき、体系的に取り組むことで、しっかりした判断に基づいた収益性のあるポートフォリオを構築するという、より重要な目的を達成するために必要なスキルを磨けることだろう。

攻撃計画

経験豊富な釣り人が教えるように、魚を捕まえたいと思うならば、魚がいるところに行かなければならない。翌年のナンバーワンを見いだすことが目的ならば、これまでに最高のトータルリターンをもたらした銘柄とは似つかない銘柄に時間を浪費してはならない。そのための秘訣は、できるかぎり多くの銘柄を検討対象から除外することだ。候補となる銘柄のリストを絞ったからといって、最終的な勝者を選択できるとは限らないが、自らのオッズを大幅に改善することにはなるだろう。

まずは、株式市場で四五〇キロのカジキマグロを釣り上げようとする場合に、主に従来の株式調査に頼ることの落とし穴を説明しよう。それから、過去のナンバーワン銘柄のストーリーについて説明する。次に、小魚とサメを区別する一助となるいくつかの定量的なスクリーニング方法について説明する。また、一見論理的に思えるが、横道に逸れるばかりとなる銘柄選択のテクニックを撃破しよう。そして、過去のナンバーワン銘柄に見られる定性的な特徴を取り上げる。主に**表P―1**に挙げた銘柄に焦点を当てるが、特に過去五年のナンバーワン銘柄に注目する。この骨の折れる作業の結果として、毎年ナンバーワン銘柄を間違いなく選択できるシンプルな定量的な公式が得られるのではない。そのような公式が見つかるのであれば、すべての投資家が利用することだろう。彼らは当該銘柄に殺到することで、平凡の上昇余地しか残らない水準にまで年初の株価をつり上げてしまうだろう。だが、さまざまな定量的要件と市場のリーダーに共通する定性的な要素を適用する

表P-1　S&P500のナンバーワン銘柄（2012〜2021年）

年	銘柄	リターン（%）
2012	パルトグループ	188
2013	ネットフリックス	298
2014	サウスウエスト航空	126
2015	ネットフリックス	134
2016	エヌビディア	227
2017	NRGエナジー	134
2018	アドバンスト・マイクロ・デバイセズ	80
2019	アドバンスト・マイクロ・デバイセズ	148
2020	テスラ	743
2021	デボン・エナジー	196

出所＝ブルームバーグ

ことで、たいていは最も大きな魚が見つかり、えりすぐりの場所で釣りをすることになるだろう。

「定性的な要素」を曖昧で、つかみどころのない特徴と解釈しないでほしい。先日、世界でも最高ランクのビジネススクールの一校でテクノロジーとイノベーションの教授を務める人物が自らの目にとまった企業について私に語ってくれた。それは大成功する可能性がある企業を見いだすために彼が注意深く定義した要件のすべてを満たしていたという。私はその株を買ったが、その銘柄はその年にS&P五〇〇のナンバーワン銘柄となっただけでなく、本書が取り上げた一〇年間のナンバーワン銘柄のなかでも最高のパフォーマンスを上げた。その企業はテスラで、二〇二〇年に株価は七四三％上昇した。

ナンバーワン銘柄を見つけようとするときに、この手の利益のランキングに頼るべきではない。すでに記したとおり、引退生活が送れるようになるほどの利益を一二カ月の間に生み出すことを期待して、たった一つの銘柄に自らの財産の大部分をつぎ込むことは良い考えではない。だが、でたらめに銘柄を選ぶ必要もなければ、奇跡を期待する必要もない。ナンバーワン銘柄を見いだすことに興味をそそられるならば、周到かつ実績ある方法で取り組むことができる。その方法を学ぶために本書を読み進めてほしい。

マーティン・フリッドソンはテスラ株を保有している。本書で評される意見は言及された銘柄の推奨、または将来のパフォーマンスに関する意見と解釈すべきではない。本書で評される意見は筆者のものであり、レーマン・リビアン・フリッドソン・アドバイザーズの見解を代表するものではない。

謝辞

大量のデータを収集し、検証してくれたジョン・リーなくして本書は存在しなかっただろう。本書の企画を通し、完成まで見届けてくれたジョン・ワイリー・アンド・サンズのビル・ファルーンとプルビ・パテルに感謝する。また、本書をできるかぎり良いものとする手助けをしてくれたフェルナンド・アルバレス、ピーター・アーンスター、スティーブン・ミラー、バリー・ネルソン、メーガン・ニューバーガー、ダニエル・パルトロウ、エリック・ローゼンタール、ドミニク・テリス、そしてハーバード・ビジネス・スクールのベイカー図書館の専任スタッフたちに感謝する。最後に、たゆまぬ励ましと助言をくれたエレーン・シスマンに心からの深い感謝を申し上げる。

第1章　月並みな分析は忘れよう

多くの場合、プロの意見を求めることは道理にかなったことだ。例えば、住宅を買う契約を結ぼうとしている。偶然にもあなたが構造の堅牢性や安全性の評価を専門とするエンジニアでないならば、建物を検査する専門知識を有しただれかを採用するのは良い考えかもしれない。また、その住宅の壁にかけるために有名な画家の絵画を買えるだけのゆとりはあるが、アート市場のことはよく分からないとしよう。類似する絵画がどこのオークションで手に入るかを教えてくれるコンサルタントに費用を支払うのも賢明だろう。

次なるナンバーワン銘柄を見つけだそうとする場合、株式の分析を生業とする人々が行った調査のなかにそれを探したいと思うかもしれない。ウォール街の企業や独立系の調査機関に雇われている株式アナリストたちは、業界ごとに専門特化し、少数の銘柄に集中しているおかげで、自らフォローしている企業に精通している。自ら担当する業界について何年にもわたり研究することで、彼らはそれら企業の納入業者や顧客たちとも価値ある人間関係を構築しているものだ。

結果として、アナリストたちは現場での出来事が決算報告書や新聞の記事に現れる以前にそれを知っていることが多い。さらに、これら株式のバリュエーションを行っている者たちは膨大な量のデータを処理してもいる。それが、彼らが長い経験を通して下している判断を補完する。また、ウォール街の株式アナリストのほとんどが極めて優秀だ。そして、さまざまな機関が行う年次調査や評定のおかげで、それら有能かつやる気あふれるアナリストたちのうちだれがその分野で最も優秀かを知ることができる。なかでもインスティテューショナル・インベスターが行う調査が最も有名だ。

そのような保証があるにもかかわらず、一流アナリストが厳選した銘柄についてさらなるテストを行いたいと思うだろうか。企業の競争力や利益見通しなどの「ファンダメンタルズ」な要素に基づいた彼らの推奨を補完するのが、極めて優秀なプロたちからなる別のグループが行う「テクニカル分析」だ。「チャーチスト」とも呼ばれる彼らは、一定期間ごとの株価のトレンドに見られる統計的な関係性に基づいて株価の将来の変動を予測する。

その年、最も高いリターンを上げる銘柄をそれが月へと離陸する前に見いだそうとするにあたり、利用できる知的兵力がたくさんあることは間違いない。問題はその探求に役立つものがあるかどうかだ。私は、一流のアナリストたちが多額の報酬を手にすることを可能にするスキルの価値について議論するつもりはない。ただ、彼らがその一部をなす世界は本書が焦点を当てる目的には適合していないというだけである。

利益予測から銘柄推奨まで

ウォール街の典型的な株式調査部門はさまざまな業界を担当する専門特化したアナリストたちで構成される。つまり、ハイテク、ローテク、金融、資源、消費財、Ｂ２Ｂといった具合だ。これら業界の競争の力学は大きく異なるが、アナリストたちは自らの仕事を統一された、理解しやすい、一連の略語に落とし込むのだ。

個々のアナリストは企業の翌年の利益を予想し、その値を発行済み株式総数で割ることで、ＥＰＳ（一株当たり利益）を推定する。企業の株価を予想されるＥＰＳで割ることでＰＥＲ（株価収益率）倍率を算出する。ＰＥＲ倍率は直近一二カ月のＥＰＳを分母として算出されることもある。

ＰＥＲ倍率は、企業の利益の質の評価や将来のＥＰＳの期待成長率によって変化する。特定の企業を任されたアナリストは、それらの要素を同業他社と比較することで、当該企業のあるべきＰＥＲ倍率について意見を発表する。企業の「正しい」ＰＥＲ倍率に予想ＥＰＳをかければ、株価目標（ＰＴ）が得られる。

株価目標と比較して現在の株価がどのような水準にあるかに基づいて、アナリストは銘柄の格付けを行う。格付けの用語は企業によって異なるが、最も分かりやすい組み合わせが、買い、ホールド、売りの推奨だ。株式が市場指数と比較してどうなりそうかに重点を置き、「アウトパフォーム」や「マーケットウエート」といった表現を用いる企業もある。だが、その用語とは関係なく、投資家は企業の推奨リストのすべてを検証し、株価目標と比較してどの銘柄が最もアップサイドが大きいかを割り出すことができる。これらはすべて企業のＥＰＳを予想するという極めて重要な作業に立脚していることを覚えておいてほしい。

ただ、小さな問題が一つある。

見当違いのEPS

本書出版から半世紀ほど前、著名な金融エコノミストであるジョエル・スターンはEPSが株価とは無関係であることを説明した。スターンの発見はけっして知られないままとなることも、忘れられることもなかった。彼の論文「アーニングス・パー・シェア・ドント・カウント（Earnings per Share Don't Count）」[1]は、広く読まれていたファイナンシャル・アナリスツ・ジャーナルの一九七四年七・八月号に掲載され、ハーバード・ビジネス・スクールで活発に議論された。ちなみに、私はその翌月に入学している（**警告**　この後の八段落は本書のほかの部分よりも専門的である。スターンの発見は大手学術誌の編集者の検閲に合格しているので、論文の主張を進んで受け入れようと思うならば、議論は読み飛ばしてもらってかまわない。現在ファイナンシャル・アナリスツ・ジャーナルはCFA［認定財務アナリスト］協会の最も重要な刊行物となっている）。

企業の株価をEPSの関数だと考えるのが誤りであることは、固定資本（固定資本には有形固定資産などの資産が含まれる）に対して一五％という健全なリターンを上げている架空の企業、PFDZコーポレーションについて考えれば理解できる。健全な収益力のおかげで、この会社の信用格付けは高く、四％の金利で資金を借り入れることができる。ＰＦＤＺは資金を借り入れ、四％を上回るリターンを生み出す巨額の投資を行うことでＥＰＳを大幅に増大させることができる。ここでは議論のために五％のリターンとしよう。

これまで固定資本に対して一五％のリターンを上げていたＰＦＤＺが新規投資でたった五％のリターンしか上げられそうにないことを知ったら、市場はどのように反応するだろうか。このニュースは歓迎されないとしてみよう。そして、スターンが指摘するとおり、市場はＰＦＤＺが財務レバレッジを高めたこと、つまり借り入れに頼っていることを反映して、同社のＥＰＳに対するＰＥＲ倍率を引き下げるだろう。要するに、ＥＰＳは増大するが、ＰＦＤＺの株価は上昇しないのだ。下落する可能性すらある。

スターンが指摘したＥＰＳの誤りを説明するもう一つの方法がある。ＮＷＲＱとＹＭＤＯの二社について考えてみよう。どちらも直近一二カ月に一株当たり一・〇〇ドルの利益を上げ、年一〇％の割合で利益を増大させることが期待されている。どちらの企業も無借金で、将来借り入れを用いるつもりはない。ここまでに分かったことに基づけば、二つの企業の株価には同じＰＥＲ倍率が適用されると思うだろう。仮に二〇倍としよう。つまり、ＮＷＲＱとＹＭＤＯの株価はどちらも二〇ドルだ。

だが、ここでもう一つの情報を加えよう。ＮＷＲＱは現在の資本を増やすことなく一〇％の利益成長を達成できる。同社は主にソフトウェアの開発者たちの頭脳から売上げを生み出す「アセットライト」な企業で、彼らのオフィススペースもコンピューター端末もすでにそこにある。一方、ＹＭＤＯは利益を増大させるために生み出さなければならない売上高一ドルにつき、追加の一ドルを必要とする。ＹＭＤＯはどこでこの追加の資本を手に入れるのだろうか。借り入れは用いないとしているので、同社が利用できる資本の源泉は二つしかない。

ＹＭＤＯの選択肢の一つが、向こう一二カ月に利益を一〇％増大させるために必要な投資の資金を賄うために追加の株式発行を行うことだ。この場合、ＹＭＤＯの利益は、以前よりも多くの株式に分散されることになる。同社のＥＰＳは、株式を発行する必要のないＮＷＲＱのＥＰＳに比べて減少するだろう。ＥＰＳが本当に市場の株価の基礎となるならば、そして将来の株価は将来の利益に基づいているならば、今日のＮＷＲＱの株価はＹＭＤＯの株価よりも高くなければならない。だが、実際にはどちらも二〇ドルなのだ。

ＹＭＤＯが利益を増やすために必要な資本を調達するもう一つの方法が、事業が生み出す利益の一部を再投資することだ。一方で、ＮＷＲＱは利益のすべてを配当として株主に払い出すことができる。改めてこの事実を考慮しても、その年のＥＰＳと予想される利益成長は同じだが、配当の少ないＹＭＤＯ株にＮＷＲＱ株と同じ価格を支払うだろうか。

あるいは、ＮＷＲＱは自社株買いを行うことで利益の一〇〇％を株主に還元できる。そうすることで、発行済み株式総数は減少し、同社のＥＰＳは向こう一二カ月にわたって増大する。ＹＭＤＯが同じ戦略を講じようとしても、同社は事業の利益のいくばくかを再投資する必要があるので、自社株買いに充てられる資金は少なくなる。ＮＷＲＱに比べて、ＹＭＤＯの今後一年間の発行済み株式総数は多く、予想ＥＰＳは小さくなる。ここでもまた、両社の予想ＥＰＳに等しく二〇倍のＰＥＲ倍率を適用するとしても、市場が今日ＹＭＤＯ株に付ける価格はＮＷＲＱ株よりも低くなるだろう。だが、これはどちらの株価も現在二〇ドルであるとする当初の前提と矛盾する。

ＮＷＲＱとＹＭＤＯが同じ株価で取引されること、そして同じ時点で異なる価格で取引されることが不可能であることは明らかだ。スターンはこの矛盾を必然ともいえる結論をもって解決する。つまり、市場がＥＰＳに基づいて株式を評価することはない。スターンの言葉を借りれば、実際に市場が気にしているのは「予想される利益成長率を維持するために必要な資本の額を差し引いた利益」だ。彼はこの測定基準をフリーキャッシュフローと呼んだ。ザ・コーポレート・ファイナンス・インスティテュートはフリーキャッシュフローを営業活動によるキャッシュフローから資本支出を差し引いたものと定義している。

スターンはこのような反駁を許さない事実を本書が印刷される五〇年ほど前に提示した。だが、今日に至っても、二〇二二年にハンス・ワグナーがインベストペディアの記事で嘆いたように、「企業の価値に関してどれほどのフリーキャッシュフロー（ＦＣＦ）が生み出されているかに目を向ける人は極めて少ない[2]」。だが、毎年、ＥＰＳにばかり注目する株式調査が大量に生み出されていることを考えれば、それも驚くべきことではない。「株価＝ＥＰＳ×ＰＥＲ」という公式を繰り返すよう訓練されている投資家たちはことさらフリーキャッシュフローなどを持ち出して問題をややこしくしたがらないのだ。

ＥＰＳ――欠陥があるのに支配的

スターンが一九七四年の論文で述べたように、「計算が容易であることは、ＥＰＳを分析の道具として用いる言い訳としては不十分だ[3]」。確かに、簡潔であることが、スターンが言う株価を最終的に決めている洗練された投資家たち（「リードスティアーズ」）が株式を評価する方法を正しく反映していない指標に頼る理由とはならない。そして、企業がアナリストのコンセンサス予想を上回るEPSを発表するときに発しているメッセージを市場が無視していると考えるのはおかしなことではない。決算発表のなかで、収益や売上総利益や企業による翌期の業績予想など何かしら期待外れなことがあるために、株価が上昇するのではなく、下落する場合もある。

それでもEPSはいまだウォール街の株式調査に定着したままなのだが、それも理解できることだ。自分が翌年に指数を大幅に上回ると考えている銘柄を推奨することで名を上げようとしている、一つの業界に特化した株式アナリストだと想像してみてほしい。担当する業界がまったくの不人気で、向こう数四半期にわたりそれは変わらない場合に、そのような銘柄を見つけることは非常に難しい。だが、その間も三カ月ごとに輝きを放つチャンスはある。担当する企業の一つで四半期のEPSを正確に予想できれば、束の間のスターになれる。その数字が基調となる経済的現実とは関係が乏しいかもしれないなどと気にしてはならない。EPSは経営陣が求める業績を達成するために下しているさまざまな任意の裁量的な会計上の判断によって、日常的にマッサージされている。だが、見せかけの利益をやたらと気にするのは空売り筋だけである。

時折、数字が的中することで得られる満足はさておき、株式アナリストが九〇日ごとのＥＰＳを予測することに多くのエネルギーを投じるのは理解できる。さまざまな機関がアナリストのＥＰＳ予測を集計して、私が数段落前に言及したコンセンサス予想を算出している。証券会社や独立系の調査会社はこれらの集計に顔を連ねることが思想的リーダーとして認められた証明となる。このようなゲームであれば、カバーしているすべての企業のＥＰＳの欄に数字を埋める自社の調査部長の役に立つことが、アナリストの利益になるわけだ。ことわざにもあるとおり、和を以て貴しとなす（ＥＰＳ予想を提供することは任意だということではない）。

簡潔さは、ウォール街の株式調査マシンがＥＰＳをそれほど重要視する理由を説明する一助となる。だが、ＥＰＳの予測はけっして複雑さに怖気づくことのない、ファイナンスの教授たちの興味も引きつけてきた。彼らは、アナリスト予想はどうして過度な楽観論に偏るのか[4]、アナリストのインセンティブがどのように予想の誤りにつながるのか[5]といった問題について研究している。別の研究では、全体の四〇％のケースで、一連の過去データから割り出したＥＰＳ予測は、アナリストのコンセンサス予想と同程度か、それ以上に正確であることが分かった[6]。

S&P五〇〇の特定の銘柄がその他四九九銘柄すべてをアウトパフォームする要因は何かという疑問は、ファイナンスの学者が取り上げたがる問題ではない。至極合理的ではあるが、彼らは次のような疑問を持つ傾向が強い。「この五〇〇銘柄のなかで、平均で指数を上回る一〇〇銘柄を選択することを可能にする何らかの特徴を見いだすことができるだろうか」

それらの銘柄のリターンにより良いものも悪いものもあったとしても、全体として指数を一%上回り、それが偶然の結果ではなく統計的に有意な結果であることが示せれば、その研究は権威ある学術誌に掲載される可能性が高い。そうなれば、その研究者は終身在職権のある教授になれるかもしれないし、すでにその立場を得ている者であれば、より高い給料でライバルの大学に移るよう誘われるかもしれない。その研究で説明された方法論は、一時に何百もの銘柄を選択し、モニターするために必要な資源を有する機関投資家のファンドマネジャーが用いる戦略として受け入れられるようになる可能性もある。

要は、世界のビジネススクールのファイナンス部門では毎年、本当に役に立つ研究をたくさん行っている。しかし、それはファイナンスの学者たちが合理的な個人はそのようなことはしないと考えていることを実行しようとしている投資家に向けられたものではない。

つまり、向こう一二カ月以内に自らの資金を二倍またはそれ以上にする干し草のなかの針を見つけようとしている者たちに向けたものではないのだ。

ポートフォリオのほんの一部を一獲千金狙いに充てると説明しても、理論家たちはそれほど驚かないかもしれない。そして、そうしている間、自ら運用する４０１（ｋ）の大部分は、彼らが合理的な方法と認めるより慎重かつ十分に分散された方法で運用されることになる。だが、ファイナンスの教授たちがそれに満足したとしても、おそらく彼らはナンバーワン銘柄を探すことを次の調査研究のテーマにすることはないだろう。彼らは学術誌がこれまで注目してきた話題に専念すれば、権威ある学術誌に掲載される可能性が高まるからだ。

ＥＰＳと基調となる現実

株式調査の権威たちがＥＰＳに過度に頼っていることも、利益が株主たちのために創出された本当の経済的価値を表しているならば、許されるかもしれない。だが、実際には報告利益と本物の利益のギャップは巨大なものとなることもある。そのミスマッチが会計上の完全な不正を反映していることもある。だから、投資家は、単に経営幹部がだれも起訴されていないからといって企業の利益について信頼できる情報を手にしていると安心すべきではない。会計実務が完全に合法でも、四半期の財務諸表で示された数字が後に間違いであったと言われることもあり、報告利益に基づくＥＰＳが基調となる現実とはかけ離れたものであることもある。

企業がどのようにしていかなる証券関連の法規に抵触することなく歪んだ姿を提示するかを検証する前に、どうして彼らが日常的にそのようなことをするのかを明らかにしよう。ＰＥＲ×ＥＰＳ＝株価という枠組みのなかで経営を行う者たちは、高い倍率は高成長だけでなく、安定した成長を達成することで得られると前提している。その他すべての条件が同じだとしたら、投資家はＥＰＳが突発的に増大するよりも、毎年安定的に増大することを好むと彼らは考えている。そのため、それ以外の条件が同じ二つの銘柄のうち、ＥＰＳの変動がより小さい銘柄にはより高い倍率が付き、より高いリターンをもたらすはずである。

これこそが少なくとも企業経営者たちが考えていることだ。だが、これはティム・コーラー、ビン・ジャン、リシ・ラージの二〇一三年の研究[7]の結論とは異なる。このコンサルティングファーム・マッキンゼーの研究者たちによると、利益のボラティリティが下がれば株主のリターンが増大することを示す統計的に有意な証拠は存在しなかった。

だが、利益のボラティリティが低いことが最終的に投資家の優れたリターンにつながらないとしても、機関投資家のファンドマネジャーたちは企業経営者たちに自分たちは不安定な利益よりも安定した利益を好むと伝えるかもしれない。年金基金のスポンサーといった顧客と面会しているファンドマネジャーを想像してみればよい。ポートフォリオの現在の保有銘柄を見直すなかで、顧客は最近になってEPSが前年同期比で予想外に大きく減少したことを発表した企業について尋ねている。その結果株価が下落したことで、この銘柄は、この不快なサプライズが起こる前からそれほど好調でなかったポートフォリオのなかでも目立ってアンダーパフォームすることとなった。顧客は、ファンドマネジャーはどうして問題を予見し、この銘柄に対するイクスポージャーを縮小しなかったのかを知りたがる。

これはファンドマネジャーにとって心地良い会話ではない。けっしてネガティブなアーニングサプライズで慌てることのない企業を努めて保有することが将来このような不快なやり取りを回避する一助となるかもしれない。このファンドマネジャーが企業経営者や投資銀行家たちとの面会で届けるだろうメッセージは、「われわれはEPSが安定的に増大する企業を好みます」となる。

同じようなメッセージを発するすべてのファンドマネジャーのポートフォリオに自社の株式を組み入れてもらいたいと考える企業は、経済的なパフォーマンスに真に影響を及ぼす、完全に合法的なやり方で彼らの要求に対応しようとする。例えば、四半期ごとに価格が大幅に変動する特定のコモディティを原材料として利用する製造業者を想定してみよう。この企業は、原材料コストを先物市場でヘッジすることで、コストの変動によって利益がとび豆のように飛び回るのを防ぐことができる。

EPSをスムーズに増大させる方法は投入原価を安定させることだけではない。より広範な企業戦略でも利益のボラティリティを抑えることができる。例えば、収益がビジネスサイクルに密接に関連する業界の企業は景気後退時にも比較的持ちこたえられる別の分野に手を広げるかもしれない。

私は長年にわたりいくつもの投資銀行で働くなかで、経営幹部たちが手数料ビジネスの特徴ともいえる好不況に対応するのを見てきた。好況が株式市場に対する大衆の関心をかき立てると、結果的に取引量と取次手数料は増大する。だが、市場が低迷すると好況が不況に転じる。このような変動を均すために、投資銀行はより安定した手数料ビジネスにより多くの収益を集中させようとした。アセットマネジメントはそのような事業の一つだった。顧客が取引を行い、手数料を支払うことに依存するのではなく、会社が顧客のポートフォリオを運用し、ポートフォリオの価額に対する割合として算出した手数料を得るのだ。

ポートフォリオの価額も変動に左右されるが、それでも信託報酬は取次手数料に比べれば安定した収益源だった。この命題が持つ魅力は、投資銀行がじっくりと考えなければならない何かを行うことに対するためらいに打ち勝つ一助となった。手数料ビジネスである資産運用業に参入することは、自らの機関投資家向け事業の顧客であるファンドマネジャーたちとの競争に加わることを意味した。

特筆すべきは、前述したマッキンゼーのリポートの著者たちはＥＰＳを安定的に増大させるよう企業の収益を再編成することを薦めていないことだ。だが、それはいくつかの企業がまさに行っていることである。彼らは多角化を目的とした買収を通じて利益のボラティリティを抑えようとする。それぞれの業界にはそれぞれのビジネスサイクルがあるので、一つの事業分野の利益のピークがほかの分野の底を相殺すると考えているわけだ。

理屈のうえでは素晴らしく思えるが、実際にはそれほどうまくはいかない。コーラー、ジャン、ラージはS&P五〇〇の構成銘柄で一〇年間の利益のボラティリティが最も低かった五〇社のうち、異なる事業を二つ以上行っている多角化企業は一〇社に満たなかったことを発見している。さらに、マッキンゼーの専門家たちは、利益のボラティリティが低い企業の株価にプレミアムが付く証拠を見つけることはなかった。彼らは経験に照らしても、多角化された企業の各事業の価値の合計と株式の市場価値が大幅に異なることはほとんどないと記していた。

マッキンゼーの研究者たちが調査を行ったのは、多角化を通じて利益のボラティリティが低減されることを前提に一九六〇年代に生み出された有名なコングロマリットのほとんどが解体されてからかなりあとの時期だ。それらの企業が経験したことは、市場価値という点では、実際には全体は部分の合計よりも小さいという見方を支持している。それらの株式は「コングロマリットディスカウント」で取引されたのだ。

ディスカウントがあまりに大きかったので、企業乗っ取り屋たちはコングロマリットの株価に対してプレミアムを支払ってでも、支配権を獲得し、そして個別の事業を売却したり、スピンオフしたりすることで大きな利益を持ち去ることができた。そのような場合、EPSのボラティリティを最少化することで高いPER倍率を獲得するという当初コングロマリットを築き上げた者たちの計画は正反対の効果をもたらした。彼らは二＋二を五にしようとしたのだが、合計で三にしかならなかったわけだ。

実際に基調となる現実に対応することで、四半期業績のボラティリティを低減させる方法については十分だろう。これらの方法が、経営陣が期待したすべてのことを成し遂げない――おそらくは実際に四半期ごとは言うまでもなく、毎年同じ割合で成長する事業などないから――場合でも、法を犯すことなく利益が安定しているように見せかける方法は存在する。

一時的な需要の増大や異常に大きい注文のおかげで、企業の売上高が第2四半期に突然急増すると想像してほしい。これは良いニュースのように思うかもしれないが、EPSに執着しているトレーダーやアナリストやファンドマネジャーの世界では、問題となる。この企業が翌年の第2四半期に再び臨時収入を得る可能性はほとんどないとしてみよう。この企業が短期的な要因の結果としてトレンドを大幅に上回る第2四半期の利益を発表したらどうなるだろうか。たとえ事業が順調だとしても、一二カ月後、経営陣は第2四半期に前年比で正常な水準を下回る利益成長を発表しなければならないといううらやましくもない立場にあることに気づくだろう。そうなると、安定性に敏感なファンドマネジャーは幻減し、その銘柄のポジションを縮小するかもしれない。彼らの売りが株価を押し下げることになりかねないが、それはボーナスが株価に連動しているＣＥＯ（最高経営責任者）にとってはひどい結果となる。

ＣＥＯにとって幸運なことに、解決策はある。第３四半期に予定されていた定期的な保守作業の一部を第２四半期に前倒しすればよい。保守作業にかかる１四半期分の費用を第２四半期に計上すれば、第２四半期の利益がトレンドラインを大きく上回ることにはならないだろう。そうすることで、翌年の第２四半期に前年比で望んだとおりの成長率を発表することが可能になる。

短期的な需要の増大による利益が失われることはない。それはより都合の良いタイミングで計上されることになる。その結果、ありがた迷惑なことに、翌年に株価が突然下落することも、ＣＥＯのボーナスがダメージを受けることもなくなる。被害を受けるのは、企業の業績を正確に把握しようとしている真面目な投資家たちだ。

当然ながら、投資家を除くすべての者たちの役に立つようにＥＰＳを安定して増大させるときに問題となるのが、四半期利益が大きくなりすぎることよりも、小さくなりすぎてしまう出来事が発生する場合だ。そのような場合、製品を流通業者や卸売業者を通じて販売している企業にとっては「チャンネルスタッフィング」が救いの手を差し伸べてくれる。そのような企業は、製品が最終消費者に販売された時ではなく、中間業者が購入した時点で売上高を計上する。そのため、当該四半期の売上高が目標に届きそうにない場合は、流通業者や卸売業者に当初の計画を少し前倒しして購入させれば良い。そうすることで、企業はいくばくかの売上高を翌四半期ではなく当期に計上できる。これは将来から売上高を借りてくる行為とも言える。

だが、この解決策も障害にぶつかる可能性がある。通常よりも早い納品を受け入れる流通業者は自らの顧客に売り渡すことで在庫水準が下がるまで、通常以上の在庫を抱えなければならない。これは彼らの在庫担保融資の費用を増大させる。彼らはミスリードとなるような方法で利益が安定して増大しているように見せたい製造業者の努力に喜んで手を貸すかもしれないが、必ずしもその過程で自らの利益を進んで減少させるとは限らない。結果として、製造業者は、通常のスケジュールを前倒しして納品を受ける見返りにディスカウントを提示することで彼らに協力してくれるよう説得しなければならないかもしれない。

製造業者がこのやりくりで犠牲にする収益は、将来埋め合わせられる収益ではない。永遠に失われるのだ。また、古くなった商品を片づけるといった正当な事業目的のために提示したディスカウントの結果ではない。むしろ、純粋なお化粧、つまりＥＰＳが堅実に増大しているという幻想を生み出すことを目的としたディスカウントなのだ。その企業が経済的価値を生み出しているように見せるためだけに業績の数字を作ることが、本物の経済的価値を生み出すことに優先しているのである。

もう一つ財務報告のファンタジーの領域にあるのが恣意的なタイミングで任意の会計判断を下すことだ。ややこしい言い回しだと思うかもしれないが、その意味は簡単に理解できる。例えば、ある企業が少しばかり古くなった商品を在庫に抱えているとしよう。ある時点で、その商品の価値を現実的に売却できる金額の水準まで切り下げなければならなくなる。だが、商品の簿価が現実的な数字でなくなるのはいつかを正確に割り出すには、何らかの判断が必要となる。

プロである経営陣は、今四半期はそのような結論を出す最良のタイミングではないと判断する。奇遇にも、その四半期の利益はトレンドラインを少しばかり下回ることが懸念されている。このタイミングで評価損を計上すると、この問題を悪化させることになる。

あらゆる事柄が今後数四半期に利益が反発することを示唆している。実際に、その時点でＥＰＳがトレンドラインを大幅に上回ってしまう懸念があるだろう。慎重に検討した結果、経営陣は六カ月後には古い商品の価値が失われていることが明らかになると結論する。それゆえ、その時点で企業は評価損を計上することになる。

企業が最も都合の良いタイミングで計上できるもう一つの損失が不良債権の評価損だ。これは、掛けで購入した顧客が支払うべきだが、最終的に彼らが支払うことができない金額のことだ。また、経営陣はのれんの価値をいつ切り下げるかについても判断を下すことができる。

説明のために記すと、のれんとはある企業が別の企業をその純資産の会計上の公正価値を上回る金額で買収するときに発生する貸借対照表の科目である。買収が期待した結果につながらないと想定してみよう。この場合、最終的に買収側の企業は買収した企業の事業を自らの事業に組み合わせることで生まれると期待した価値がまったく実現しないことを認めなければならない。

狡猾な経営陣が買収を利用する別の方法が、買収した企業の売掛金の一部はけっして回収されることはないと主観的に判断を下すことだ。当初、それらが買収側の利益に影響を及ぼす前に評価を切り下げるのであれば、経営陣は合理的に行動しているように思える。だが、買収側はさらに踏み込んで、実際にはそれほど問題のない売掛金の一部を切り下げるかもしれない。後に、企業はそれら正常な債権を回収し、利益を計上することができるのだが、そうすることであたかも無から利益を生み出すことになる。

これらの例は企業が長年にわたり利益を操作するために編み出している違法ではないからくりの一部でしかない。一九八〇年代から一九九〇年代にかけての絶頂期、GE（ゼネラル・エレクトリック）の伝説的経営者ジャック・ウェルチは毎四半期、雨の日も晴れの日も断固として安定的にEPSを増大させようとした。同社のすべての部門がその一翼を担うことが期待されていた。

GEの金融サービス部門の幹部は、四半期末が近づき、部門の利益が目標を下回る恐れがある場合、彼や彼の同僚たちは慌てて買収先を探したと振り返る。買収した企業の四半期分の利益を計上できれば、その部門は予算を達成することができた。GEが、スムーズな利益成長を求めるウォール街の要求を満たすことではなく、同社の長期的な経済的価値を最大化することに厳格に基づいていたとしたら、同社の買収先の候補は違ったものとなっていただろう。

万歳、不正会計は減少している

これまでに、会計規則に抵触せず、経営幹部を刑務所送りにすることなく人為的にEPSを安定成長させるテクニックばかりを説明してきた。この点については、企業で実際に何が起きているかを知りたいと思っている投資家にとって良いニュースがいくつかある。ここで言う投資家とは、企業が株価とはまったく関係のない操作された数字に関するアナリストの予想を上回る業績を上げるかどうかを考えるゲームには興味がない者たちという意味だ。良いニュースとは、過去数年にわたりアメリカではあからさまな不正会計が減少していることだ。

これは、CEOたちが自社の株価のパフォーマンスに基づいた巨額のボーナスを手にすることは、自らの企業の業績に関するありのままの姿を提示することよりも重要ではないと突然判断するようになった結果ではないと付け加える必要があるだろうか。作り話が戦術として不人気となった本当の理由は二〇〇二年のサーベンス・オクスレー法で、これによってCEOは不正の責めを部下に負わせることが難しくなった。

この法律はCEOに自社がSEC（米証券取引委員会）に提出した財務諸表に署名する

ことを求めた。信じがたいことだが、それまでＣＥＯは、幹部のボーナス制度が株価のパフォーマンスと何ら結び付いていなかったとしても、不正はもっぱらＣＦＯ（最高財務責任者）がやったことだと主張して罪を逃れることができた。その場合、ＣＦＯには決算数字を改竄する明確な動機はなかった。

ちなみに、おおむね成功した不正会計を撲滅しようとする議会の努力はいくつかの注目を集める事件に対応してなされたものだ。最も有名なのがエンロンの倒産である。不正会計が次々に広まったのは、企業幹部の報酬制度に変化があった結果である。かつては、取締役会は株価のパフォーマンスではなく、ＥＰＳに基づいてＣＥＯのパフォーマンスを評価していた。これによってＣＥＯたちは、株主価値の増大とは無関係な会計方針の変更を悪用できたのだ。

例えば、ある製造業者が耐用年数が七年と算定された装置を保有していたとしよう。摩耗や経年劣化によって残余価値がないと判断されるまで、毎年装置の取得価格の七分の一が同社の報告利益から差し引かれることになる（株主への報告を目的としたこの会計処理方法は「減価償却の定額法」と呼ばれる）。ＩＲＳ（米内国歳入庁）に提出される別の財務諸表では、企業はより大きな税控除を手にするために、早い時点で毎年七分の一を上回る金額を費用計上することになる。

ＣＥＯはエンジニアと会計士を呼んで、設備の耐用年数を八年と見積もるのがより現実的ではないかどうかと尋ねる。確かに、変更を正当化する理由が見つかることがあるだろう。特に、ＣＥＯがエンジニアや会計士の報酬や昇進に大きな発言権を持っていればなおさらだ。会計処理を見直すことで、毎年の減価償却費は減少し、利益は増大することになる。思いがけないことに、業績に基づいたＣＥＯのボーナスも増大することになる。

市場がこの茶番を見透かしていることが調査研究によって明らかとなった。茶番の結果ＥＰＳが増大しても、ジョエル・スターンが株式のバリュエーションの本当の原動力だとした指標であるフリーキャッシュフローはまったく増えなかった。結果として、ＣＥＯが仕掛けた業績数字の改変が株価を押し上げることはなかった。それはただ、重大な欠陥を持ち、操作が可能な企業の財務パフォーマンスの指標に基づいたＣＥＯのボーナスを膨らませただけだった。

立派にも取締役たちはかつての方法の誤りを認識するようになった。彼らは、ＣＥＯたちがＥＰＳに基づいた報酬制度を悪用していることを理解した。株価を押し上げるような活動を通して株主の富を増大させるかわりに、ＣＥＯたちは過大なボーナスという形で株主たちからお金を引き抜いていたのである。

「株主と経営陣の利害を一致させる」という名目で、企業は株価のパフォーマンスと連動させたボーナス制度に切り替えた。さらには、株価が上昇し、企業の所有者たちがより豊かになればその価値も増大するストックオプションでボーナスが支払われるようになる。もはやCEOがフリーキャッシュフローをまったく増大させることのない会計上の計略から利益を得ることはなくなると思われた。

株価には何の影響もないこの作為的なEPSの増大に人々が気づき始めるなか、株式アナリストも自分たちの方法論を見直したと思ったかもしれない。実際に、リポートにより洗練された分析を盛り込んだ調査機関もあった。だが、私には特筆すべき反例ばかりが思い浮かぶ。

この出来事はFASB（米財務会計基準審議会。「ファズビー」と発音する）が翌年から発効する規則の変更を発表した結果として起こった。個々のCEOたちがそれぞれの企業で行う会計方針の変更とは異なり、新しい基準はすべての企業に適用された。だが、これも特定の費用がどれだけ早く損益計算書に反映されるかが変わっただけで、企業のキャッシュフローに影響はなかった。

私がこの話題に関心を抱いていることは知られていたので、会計基準の改定に関する議論に駆り出された。一人の株式アナリストは新しい規則に強い関心を示していた。彼は「私がフォローしているすべての企業で利益が一〇％増大するだろう」と大喜びした。「すべてのバリュエーションを引き上げるつもりだ」と。

私は、ＦＡＳＢによる改正は企業のキャッシュフローに変化をもたらさないので、その影響は表面的なものにすぎないと指摘した。アナリストが私の言っていることを理解しなかったのは明らかだった。彼はカバーしている業界でかつて働いていたので、フォローしている企業の事業については十分に理解していた。だが、彼の会計の理解度はＥＰＳが算出できる程度にすぎなかった。株式のバリュエーションに関する彼の専門知識はＰＥＲ×ＥＰＳ＝株価目標に終始していたのだ。

対照的に、ＣＥＯたちは、操作しやすいＥＰＳの数字よりも株価のパフォーマンスを取締役会が重視するようになったことが自分たちの報酬にどのような示唆を持つかを即座に理解した。彼らのなかでもあくどい連中が取った対応は完全な不正に訴えることだった。減価償却のスケジュールをいじくり回すのではなく、彼らは市場が見破れないような方法でＥＰＳを操作した、つまり完全に架空の利益を生み出したのだ。これによって、少なくともスキームが崩壊するか、刑事訴訟が起こされるまでは、意図したとおりに企業の株価は上昇した。あまりに多くのスキャンダルが噴き出たので、しばらくの間、投資家たちが企業の発表する利益が信頼できるかどうか不安を抱えたことで株価は全般的に下落した。

二〇〇二年の「サーボックス（サーベンス・オクスレー）」法はアメリカの企業のあからさまな不正会計を大幅に減少させた。だが、今日でも、投資家はPER倍率を架空とも言えるEPSの数字に当てはめることでもたらされる危険性から完全には脱していない。ずる賢いCEOたちは、「サブ宣誓」と呼ばれるからくりを通して一〇年間の刑期（不正が故意によると分かれば二〇年になる）を何とかかわしている。CEOたちは下っ端の社員に財務諸表の正確性を確認するよう要求する。そして、CEOたちは、彼らの確認作業が正確ならば、発表された業績は正しいと保証するだけなのだ。結果として、利益をでっち上げたことを理由にサーベンス・オクスレー法に基づいてCEOが起訴されたり、有罪判決を受けたりすることは少ない。

アメリカではセンセーショナルな不正会計が根絶こそしていないが、減少したことで、企業の会計処理を精査することを専門とする空売り筋たちの魅力的なターゲットは減少している。幸運なことに、その他の国々では、大儲けのチャンスが今でもたくさんある。だからと言って、アメリカの企業が発表するＥＰＳの数字が常に正確だということではないのだが。

では、アナリストのコンセンサス予想をはるかに上回る四半期ＥＰＳを発表している企業を想像してみよう。予想利益の増大に基づいて市場がすぐに価格付けを始めることを期待して、急いで買いの注文を出す。そして、実際に株価は上昇し、かなりの利益をもたらす。だが、数カ月後、その企業が次のように発表する（私が分かりやすく言い換える）。「おっと、発表したＥＰＳの数字は大きすぎました、経理部の間違いが原因です、失礼しました」。すると、このニュースを受けて株価が下落し、当初の利益を消し去ってしまう。

当初の、誤りだった発表は本当に間違いの結果だったのかと不審を抱くかもしれない。ニューヨーク大学スターン・スクール・オブ・ビジネス・アドミニストレーションのジョシュア・リブナットとクリスティン・Ｅ・Ｌ・タンによる研究では数千件の利益修正の検証が行われた[8]。彼らは外交的な表現を用いて「当初発表された利益が戦略的に操作されていた可能性がある」証拠を発見した。インベストペディアは利益修正を次のように定義している。「会計のテクニックを用いて、企業の事業活動および財政状況について過度に前向きな姿を示す財務諸表を作成すること」

リブナットとタンは、自分たちのデータベースにある二二万件の四半期財務諸表のうち修正があったのはたった三・四％だったと報告している。だが、必ずしもそれがアメリカ株式会社の発表するEPSの数字が信頼できると安心する十分な理由とはならない。二〇二一年半ば、ウォール・ストリート・ジャーナルは過去三カ月に利益の修正を行った企業は五四〇社を上回り、二〇一三年以降のどの年よりも多いと報道した。

この急激な増大は、SECがSPAC（特別買収目的会社）による資金調達を目的としたワラント発行が不適切なまでに多いと断じた結果だった。アナリストによれば、この展開に市場は驚いた。そのうえ、いくつかのSPACとそれらが買収した企業は修正にあたり、さらに深刻な会計上の問題があることを公表した。例えば、ローズタウン・モーターズ・コーポレーションは年度末まで継続企業の前提を満たすことができるかどうか「重大な疑義がある」と発表した。後に、同社の経営幹部の二人が電動トラックの予約注文を不正に計上したかどで辞任した。

SPACという特殊なケースはさておくとしても、修正再表示が直近の四半期の「誤りを正すこと」に留まらないことがあると認識しておく必要がある。企業が過去数年にわたり各四半期の報告利益を修正せざるを得なくなるケースもある。その過程で株価は打ちのめされかねないだろう。

利益か価値の創造か

多くの投資評論家は、企業がアナリストのコンセンサス予想を上回るために翌四半期の利益から一株当たり二セントを借りるときに富が生み出されるという誤謬に執着し、一方で世界で最もダイナミックに成長する業界において何十億ドルもの正当な富が生み出されているという現実を否定する。彼らは、一般に公正妥当と認められたGAAP（会計原則。「ギャップ」と発音する）に従えば一度も利益を出していないのに、騙された投資家たちが何十億ドルもの時価総額をその企業に付けていると言ってあざ笑う（「時価総額」＝株価×発行済み株式総数）。そのような企業は、通常の企業のようにPER倍率ではなく、売上高に対する倍率に基づいて取引される。否定派は「オランダのチューリップバブルの繰り返しだ」と叫ぶ。

利益のないまま上場し、天文学的な時価総額を獲得した揚げ句、数年後に破滅した企業の例は果たしてあっただろうか。確実にあっただろう。そのうち、まったく筋の通らないビジネスモデルを持ちながらも、流行の投資の波に乗った企業があっただろうか。それも存在した。合理的な人々は、これらをいくつかの倒産したベンチャー企業に当てはまるストーリーだと結論付けるだろう。これは効率的市場（これは、株式には常に正しい価格が付けられるので、リスク調整済みベースで市場平均に打ち勝つことは不可能だとする考え）の熱心な信者たちの信念に反する真実である。だが、GAAPの利益を生み出すことなく、巨額の時価総額を獲得した企業のすべてが後に投機的なバブルであることが判明し、騙されやすい投資家が泣きを見たのだろうか。絶対にそうではない。

アマゾン（AMZN）はEPSとは無関係の正真正銘の価値を持つ象徴的存在と考えることができる。一九九七年の上場から数年、このオンライン小売業者は一貫して損を出していた。初めてGAAPに基づく利益を発表したのは二〇〇三年だった。だが、この「ブレイクスルー」となる年が始まる以前に、アマゾンの時価総額は七三億ドルとなっていた。**図1－1**のグラフは、アマゾンが大きな経済的利益を生み出しているという現実にGAAPが追いつくまでにどのくらいかかったかを説明している。

アマゾンを買った騙されやすいと言われた投資家たちはその愚かな振る舞いに対して、どのような罰を受けただろうか。二〇二一年末までに、同社の時価総額は二万％以上増大

図1-1　アマゾンの時価総額と純利益の歴史

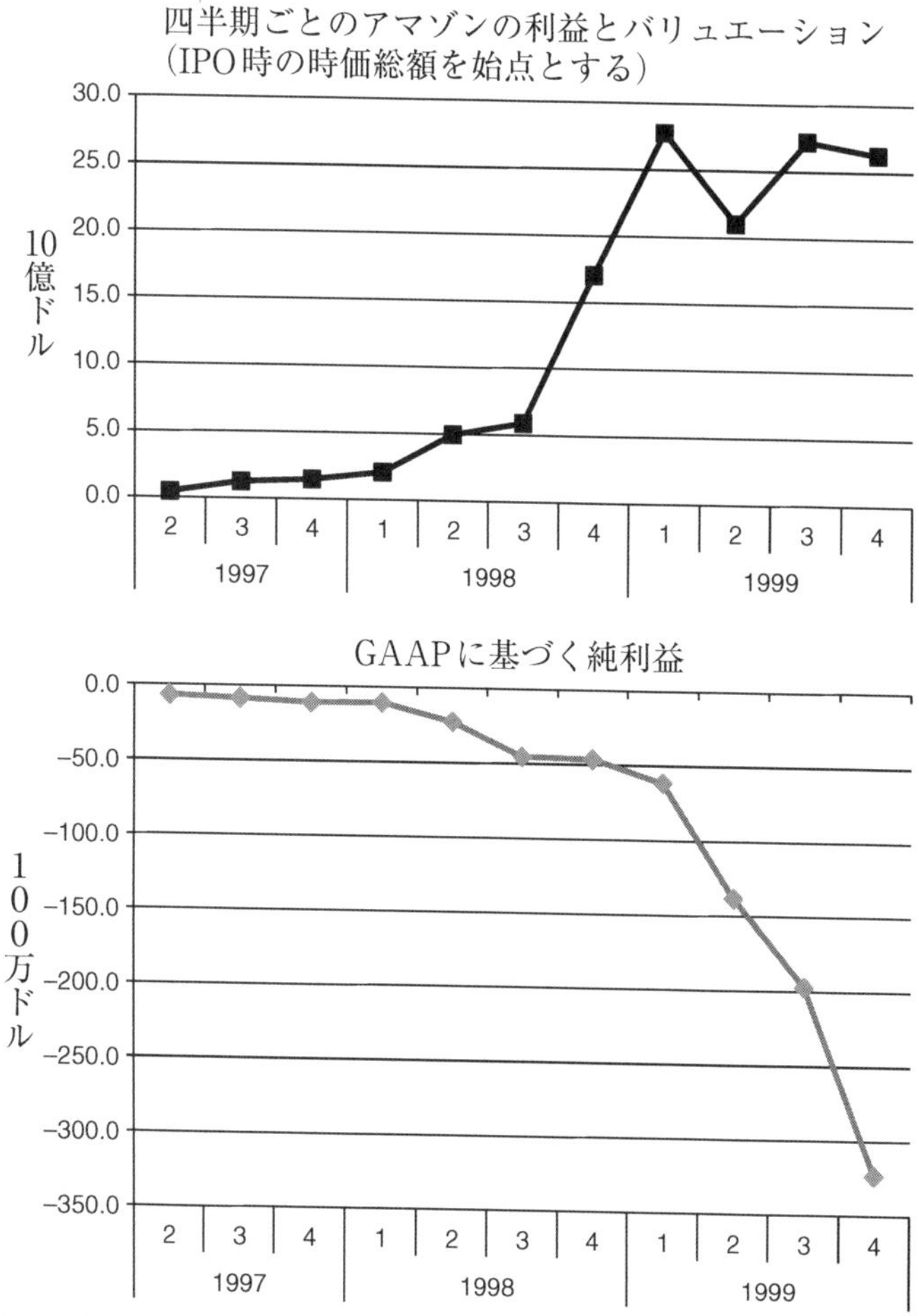

出所＝ブルームバーグ

し、一兆七〇〇〇億ドルとなった。二〇〇二年末から二〇二一年末までに、Ｓ＆Ｐ五〇〇のトータルリターンが一一・四九％となる一方で、アマゾンの株主は三一・二七％のトータルリターンを実現した。これが愚者はお金と別れるということだとするなら、上等だ、かかってこい。

アマゾンをバッシングしていた者たちが見落とし、今日同類の者たちが引き続き見落としていることがある。ＧＡＡＰは非常にうまく設計された会計制度だが、それは一九世紀の製造業者向けのものなのだ。二〇世紀のほとんどを通して、ＧＡＡＰはほとんどの業界の投資家にある程度役立った。だが、ＧＡＡＰは一九九〇年代に始まったアメリカの産業構造の転換にうまく対応していない。問題は、今日資産を構成するものを認識できていないことから発生している。

オラクルのネットスイートが専門用語を使わずに資産を正確に定義している。つまり、「現在、そして将来に事業に経済的価値をもたらすもの」だ。現実的な言い方をすれば次のようになる。一八五〇年頃に織物工場が織機を一〇〇ドルで買うとしてみよう。この一〇〇ドルは費用として計上されない。これは企業の貸借対照表の資産の部に計上される。一方で、織物工場が一定の期間に一〇〇ドルの給与を支払うとしたら、その金額は費用として計上されるので、純利益は一〇〇ドル減少することになる。

ＧＡＡＰに従えば、前月に支払われた給与はその企業に継続的な経済的価値をもたらすことはない。織物工場は労働者が生産した織物を販売しているので、継続的な経済的価値は工場にではなく、工場の顧客にもたらされることになる。この企業はさらに織物を生産するために今月も労働者に賃金を支払わなければならない。だが、織機は引き続き稼働しており、企業が代金を支払い終えても価値をもたらす。

では、二〇二三年に小規模事業向けのソフトウェアパッケージの設計に一〇〇〇万ドルを支出した情報テクノロジー企業について考えてみよう。このプロジェクトは成功し、企業は新しいソフトウェアを特許で保護し、顧客も気に入っている。最初の年、新製品の売上高は四〇〇万ドルとなり、経営陣の最も楽観的な予想値を上回った。企業はソフトウェアパッケージの所有権を売却しておらず、使用権を認めているだけであることに注意してほしい。お金が入ってくるので、株主たちは大喜びなのだが、企業の損益計算書に示された姿はそれほどバラ色ではない。

ＧＡＡＰが定める規則のもと、一〇〇〇万ドルの研究費は費用に分類された。この支出は現在そして将来にわたり事業に価値をもたらす何かを生み出したという事実がある、つまり独自のソフトウェアパッケージは向こう何年にもわたり収益を生み出すにもかかわらず、である。ＧＡＡＰに従えば、この企業は二〇二三年に、販管費を考慮する前でさえ、新しいソフトウェアで六〇〇万ドルを失ったのだ。

さらに奇妙なことに、二〇二四年にこの製品が六〇〇万ドルの売上高を生み出すとしたら、企業はソフトウェアパッケージで大きな利益を公表することになる。もちろん、その利益も二〇二五年に導入が予定されている次の製品にかかる研究開発（Ｒ＆Ｄ）費の一二〇〇万ドルで一掃されてしまうかもしれない。それでも、企業は現金を生み出しており、すべての状況を勘案すれば、予見可能な将来にわたり現金をもたらす製品を生み出し続けるだろう。創業者が企業を売却すると判断する場合、彼らが受け取る反応は次のようなものではないはずだ。「あなたがたのＧＡＡＰの利益はマイナスだ。だから、この負け犬を手放したいのであれば私にお金を払わなければならない」

ＧＡＡＰが定義する利益が生み出す歪んだ姿は一九九五年頃に発生したまったく新しい問題ではなかった。私がそれを初めて耳にしたのは一九七〇年代半ばのビジネススクールで、ドットコムやその他アセットライトなハイテク企業が登場するはるか以前である。現在と同じように当時も製薬会社は特許薬という形で自らの事業に永続的な価値をもたらしていた。それら薬品の開発に投じられた巨額のR&D費用は企業の貸借対照表の資産の部ではなく、費用として計上された。資産が負債に対して少ないということは、製薬会社は同等の収益を持つ他業種の企業よりも株主の自己資本が少ないことを意味した。

ＧＡＡＰに基づいて貸借対照表に計上される自己資本の額がそれほど大きくないので、製薬会社の自己資本に対する純利益の割合（ＲＯＥ［自己資本利益率］）は異常なほど高かった。この計算上の歪みが原因で、製薬会社のＲＯＥは事業会社のなかでもひときわ高かった。製薬業界を批判する者たちはこの数字を取り上げて、製薬会社は消費者が是が非でも必要とする製品に過大な価格を付けることで法外なまでに高い利益を手にしている証左だとした。製薬会社が継続的な利益をもたらす特許薬を資産として扱うことをＧＡＡＰが認めていたら、政治家や大衆にはまったく異なる――もっと正確な――姿が見えたことだろう。だが、ご想像のとおり、この難解な会計上の問題を説明することは製薬業界の政府担当や広報担当の社員にとって簡単な仕事ではなかった。

製薬業界にとって問題だったのは、ＧＡＡＰが事実上資産である継続的な価値の源泉を一掃してしまうことだ。だが、これはほかのほとんどの企業にとっては問題ではなかった。だが、今世紀の幕が開く直前、この問題は広範囲に及ぶようになり始めた。確かに、Ｓ＆

P五〇〇には金属を曲げたり、商品を店舗の棚で販売したりするための物理的な資本に依存する企業がたくさん含まれていた。だが、その後数年にわたり、アメリカ株式会社のランキングに、デジタルのエンターテインメントを生み出したり、ソーシャルネットワークのユーザーを募ったりするために主に知力に頼る企業が増えてきた。

ニューエコノミー企業の知的財産を資産として扱うという考えに対する予想される反応は「それは石油の精錬施設やトラックのように、手で触れられるものではない」というものだ。だが、GAAPの外側の世界では、そのような非物理的な資産に価値を割り当てるのは極めて現実的だ。例えば、ケーブルテレビや衛星放送の加入者は受信料を支払い、また概して一定の年数にわたり加入者であり続ける。このような予想可能な将来の収益は、確立された財務手法を用いて資産の価値に転換できる。

実際に、今日では企業は報告が求められるGAAPの数字を調整後の数字で補うことが一般的となっている。これは、投資家が従来の証券分析の型にはまらない事業を理解する一助となることを目的としている。代替的な指標には調整後のEPSもある。多くの場合、アナリストはGAAPに基づくEPSではなく、調整後のEPSを重視する。

残念ながら、企業は独自に調整後の財務比率を作り出すことができる。GAAPの利点の一つでもある標準化が行われないと、企業を比較することは困難となる。そして企業の業績やバリュエーションの比較は証券分析には不可欠な要素だ。だが、財務パフォーマンスを可能なかぎり良く見せたいという利害を持った企業がGAAPに基づくEPSと同じくらい深刻な欠陥のある指標をいじくり回し始めるとしたら、彼らが最終的により良い指標を生み出すと期待できるだろうか。

だが、暗い話ばかりではない。一九七四年にEPSとバリュエーションの断絶を論文にしたジョエル・スターンの物語と、EPSの恩恵を受けない価値創造の象徴であるアマゾンを取り上げてみよう。スターンは財務分析のもう一人の優れた革新者とともにコンサルティング事業を始めた。ベネット・スチュワートはEVA（経済的付加価値）という改良された利益指標を生み出した。

スチュワートの代替的な方法の特徴の一つが、R&Dと広告にかかる支出を利益から差し引く費用として扱うのではなく、企業の貸借対照表に計上したことだ。アマゾンは従来の証券分析ではなくEVAを使うとより良い評価となる。それは、比較的小さい売上高利益率が商品の高い回転率で相殺されたからだ。二〇一三年の著書『ベスト・プラクティス・EVA（Best Practice EVA）』[9]でスチュワートは、アマゾンが初めてGAAPに基づく年間利益を発表した後の期間に何が起きたかを記している。

五年間にわたり、アマゾンのEPSは一株当たり二・五〇ドルの最高値からマイナス〇・三三ドルまで減少した。その間、オンライン小売業者の利幅は消滅し、営業活動によるキャッシュフローが大幅にマイナスとなったことで新たに多額の資金調達を迫られたのだが、同社は11四半期連続でEPSのコンセンサス予想を下回ることになった。これらの事実を考えれば、通常は株価は推して知るべしだ。だが、実際にはそうならなかった。株価は四倍以上になり、その間アマゾンはアメリカの大型株で最良のパフォーマンスを上げた銘柄の一つとなった。

スチュワートは、評論家たちがかつて語った株式市場の動きに関するあらゆることを裏切るこの株価の反応について、どのように完全に誤った説明をしたかを詳細に説明した。アマゾンは先見の明あるCEOのジェフ・ベゾスに率いられた独特の「ストーリー株」で、その他すべての株式のバリュエーションを支配する力の影響を受けないということではなかった。スチュワートは、本当に重要な投資家たちはアマゾンのGAAPに基づく利益を無視し、本当の経済的利益に注目したのだと述べた。

同社のEPSが大幅に縮小していたときでさえ、EVAで見た利益は二〇一三年半ばまでの五年間に三倍近くなっていた。株式アナリストや彼らを支持するメディアが飽くことなく喧伝する教義によれば下落を続けるはずなのだが、その間アマゾンの株価は上昇を続けた。さかのぼること一九七四年に一株当たり利益は株式のバリュエーションにとって大きな問題ではないと記したジョエル・スターンが正しかったことを示すこれ以上に強力な説明はないだろう。

ちなみに、アマゾンがプラスのＥＰＳを出せずにいた時期に同社を批判していただれよりも賢い者たちは、非合理と思われる過大評価との関連でしばしば引き合いに出される過去のエピソードについても間違っていた。一七世紀オランダで起こった投機のエピソードとして語られるのが「チューリップバブル」だ。チューリップの価格がバカバカしいほど高い水準にまで上昇したと広く言われているが、これは間違いだ。実際には、希少な種類のチューリップの球根をめぐる活発な取引だった。賞を獲得した牡牛は種付けすることでさらに賞を獲得できる多くの牡牛を生み出すことができることで評価されるのと同じように、希少な球根は繁殖する力を高く評価されたのだ。

かつて経済学者のピーター・ガーバーは、球根の価格はとりわけ美しい花を咲かせる希少種の価格帯からけっして逸脱していないことを発見した。そのような標本は確立された取引所でプロたちによって取引されていた。価格の行きすぎが発生したのは居酒屋に設けられた非公式の市場だけだった。そこでは、素人たちは一般的な球根の賭けができ、その投機を裏付ける多額の現金を持っている必要もなかったのだ[10]。

ガーバーの結論は後続の研究者たちの反論を受けている。だが、チューリップバブルの歴史は、他を差し置いて上昇を続ける株式を中傷する者たちが語り続けているほど疑いの余地がないものではないことは明らかだろう。そのため、今後市場の礼節を守っていると自任する者たちが、EPSがゼロの銘柄に高いバリュエーションが付いていることを非難するためにチューリップバブルを引き合いに出し、投資家たちが正気を失っているとするのを耳にしたときは、その著名な評論家はこの出来事をおそらくは十分に理解していないことに留意してほしい。

純利益とされるものに関する結論

ここで株式調査コミュニティのお気に入りの基準に関する調査をまとめさせてほしい。EPSは論理的にも市場で株価がどのようにつけられるかの基準とはなり得ない。これは、株価をＥＰＳで割ることでＰＥＲ倍率を算出することは算術的に可能であり、それを他社のＰＥＲ倍率と比較できるという事実をもってしても変わらない（年間のＥＰＳがマイナスである企業のＰＥＲをどのように算出するかという難問には触れずにおこう）。

たとえフリーキャッシュフローではなく、ＥＰＳが株式の価値の本当の源泉だとしても、ＥＰＳを用いて株式の適正な価格を算出すると誤りが起こりやすい。それは一般にＥＰＳを詐欺的とは言わないまでも誤解を招くものとしてしまう会計のトリックに原因がある。もしくは、公表された数字が嘘でないとしても、「会計の誤り」によって歪んでいる可能性がある。そして、誤ったＥＰＳのデータが後に訂正の対象とされる可能性がある。さらには、ＥＰＳは今日の大多数の企業には当てはまらない会計基準に基づいて算出されているのだ。

ウォール街の調査はこれらの問題点を無視し、軽率にもＥＰＳに焦点を当て続けている。ＰＥＲ倍率を割り当てるときに検討すべきこととして利益の質が語られることはまれだ。自らより洗練された金融理論をリポートに盛り込むことさえする調査会社もある。だが、自らの仕事でベストとされるためのアナリストたちの競争は、突き詰めれば多くの場合は創作である数字を最も正確に予想することなのだ。

私は、ウォール街の大手企業のとある株式アナリストが担当する一社で四半期のEPS予想が実際の数字と一セントまで一致したという知らせを受けたときのことを覚えている。彼は拳を突き上げ、新しい電車のおもちゃを手に入れた男の子のように顔を輝かせ、時代遅れの歌詞を口ずさんでいた。彼はその分野ではだれもが認める、定評ある専門家だった。私が思うに、株式のバリュエーションとは無関係であることが示されて久しい、人為的な数字を言い当てるスリルはけっして色あせないのだろう。

ガイダンスゲーム

ベネット・スチュワートは単なる学術的な研究として優れた収益性の指標を生み出したのではなかった。彼はコンサルティングの仕事を通じて、多くの企業にEVAを経営のツールとして採用するよう促してきた。このツールを用いる企業幹部にとっては、株主の富を最大化することが目的だ。それは株主を犠牲に自らの富を最大化させてきた経営者の上を行く改善であることは確かだ。

完璧なる世界であれば、すべての企業はEPSから、EVAのような株主の富を築くという目的を推し進めるための優れた指標に焦点を移すだろう。株式アナリストも自らの労力を向け直すことを迫られるだろう。そして、投資家たちは企業の事業や見通しに関するアナリストの価値ある情報を、バリュエーションについて本当に役に立つアドバイスで補完された調査リポートを受け取るようになるだろう。

それはまさに完璧なる世界だ。だが、現実世界では惰性がビジネス界で行われていることの多くを支配している。何年にもわたり、ＥＰＳを予測し、その予測を株価目標に転換し、その株価目標をメディアで議論し、そしてアナリストや彼らの会社を予想の正確性に基づいて評価するという基盤のうえに巨大なインフラストラクチャーが築かれてきた。これに参画しているすべての者たちをもっと複雑な、異なる測定基準に転向させることは山を一つ動かすだけの話ではない。山脈を一つ動かすに等しい。

確立されたシステムに従うことを拒めば企業はフォローするアナリストの人数という点でペナルティーを受けかねない。アナリストのカバレッジが多いことは株式の高いバリュエーションを得るために不可欠だと考えられているが、それは必ずしも理由がないわけではない。

オマイマ・Ａ・Ｇ・ハッサンとフランク・Ｓ・スキナーは二〇一六年の論文で「アナリ

ストのカバレッジが企業の価値に影響を及ぼすことは十分に立証されている」[11]と述べている。彼らが引用した過去の研究によれば、カバレッジが多ければ、投資家が企業の活動を観察するための費用が小さくなる。そのため、カバレッジの多い企業の株式を保有することは、ほんの数人のアナリストしかカバーしていない銘柄を保有するよりも利益が大きくなる。

ある研究では、アナリストのカバレッジによってその企業の株式に対する需要が増えるので、株価が増大すると結論された。これは、アナリストが新しい情報を探し出すのではなく、すでに知られた事実をただ使い回している場合にも当てはまる。たとえＥＰＳが、経営陣がどのように事業を運営しているかと関係がなかったとしても、ＳＥＣはともかくもＥＰＳを発表するよう企業に求めているのだから、どうしてそのシステムに調子を合わせないというのだろうか

システムに合わせるために不可欠なのが、アナリストにガイダンスを提供することだ。これは経営陣が当該四半期以降に発表できると予想しているＥＰＳの水準を投資家に伝えることである。ガイダンスは、後に実際の数値が異なるものになっても企業が法的責任を回避することを可能にする言葉で注意深く語られる。

アーニングスガイダンスに関する建設的な見解は、それが投資家が株式に適切な価格をつける一助になるというものだ。結局のところ、株価は財務諸表に計上されている過去の四半期の利益ではなく、企業の将来の業績を反映すると考えられている。向こう数カ月間に事態がどのようになるかを知るうえで、企業の経営陣よりも良い立場にいる者がいるだろうか。

投資家が企業のガイダンスだけを頼りにしているとしたら、アナリストのＥＰＳ予想は無意味となるだろう。アナリストにとってはありがたいことに、投資家は引き続きアナリストの微調整に関心を示している。その理由の一つは、利益はビジネスサイクルに敏感なので、企業自身による利益予想は経済全般に対する社内の見方に依存することになるというものだ。アナリストは、自分たちの企業の経済調査部門の助けもあって主要な経済指標はより正確に把握している。

また、企業の経営陣は部隊のやる気を引き起こすことに多くの労力を割いている。つまり、「さあ、売り上げ目標を達成するぞ」と。彼らがすぐさま「われわれが現実的に達成できそうなことを冷静に考えればこうなるだろう」と切り替えるのは難しいと思うかもしれない。結果として、経営陣によるガイダンスは楽観論に偏る可能性がある。

企業の競合他社もカバーしているアナリストは、それら企業による利益予想を合計すると、業界全体が稼ぐだろう利益を上回る可能性があることを認識するだろう。すべての競合他社が同時に市場シェアを拡大させることは計算上不可能だ。そのため、投資家はガイダンスに組み込まれた過大な期待を抑えるうえでアナリストが役に立つと考えるほど正気を失ってはいない。

だが、企業によるガイダンスが上方に偏るのは必然だと仮定するだけでは、ガイダンス・ゲームがどのように進められるかを十分に説明したことにはならない。それは、予想EPSを大幅に過大評価した企業にはマイナスの影響があるからだ。これについて説明させてほしい。

投資家の視点からすれば、ゲームのポイントは企業が予想を上回るか、予想どおりとなるか、下回るかを見定めることである。それは、企業がEPSの実現値を発表するときに明らかとなる。ガイダンスゲームのルールでは、ビート（Beat）――アナリストのコンセンサス予想を一セントでも上回ること――は企業が期待をアウトパフォームすることを意味する。そうなった場合、株価はおそらく上昇するだろう。一方で、ミス（Miss）は当初の予想が高すぎたことを示す。株価はシナリオどおりに下落するはずだ。

先に議論したとおり、企業は公表するＥＰＳが順調に増大するように、どの四半期においてもＥＰＳを増大させたり、減少させたりするさまざまからくりを用いることができる。ここで、四半期を通して、アナリストは企業がどのような状況にあるかをかなり正確に描き出しているとしてみよう。彼らは企業の納入業者や顧客や競合他社から集めた情報を通じて、現場で何が起きているかを把握している。

アナリストの利益予想はそれらすべての情報を反映したものとなる。だが、アナリストは、経営陣が公表するＥＰＳが高すぎると翌年の同じ四半期にそれを上回ることができなくなることを心配していることは知らない。そのため、経営陣は巧妙なタイミングで会計の調整を行うことで四半期の業績を引き下げることを計画している。

企業が人為的に算出したＥＰＳの数値を公表すると、結果的にその数字の基礎となる現実に基づいてアナリストが行った予想は高すぎたことになる。このように不意打ちを食らったアナリストはメンツを失うことになる。企業がルールに従って行動しないことが分かれば、彼らはその企業をフォローするのをやめ、恥ずかしい思いをさせられることはない別の企業を支持するようになるかもしれない。カバレッジが多ければ株価のパフォーマンスは良くなるのだから、土壇場でアナリストたちに利益の平準化計画を打ち明けるのは経営陣にとっては悪い結果となる。

アナリストをおおよそ前もって決められていたＥＰＳの数値に近い値へと導くほうが良い戦略となる。必ずしも完全に一致させるわけではないことに注意してほしい。アナリストのコンセンサスが最終的に公表される数字を少なくとも〇・〇一ドル下回れば理想的な結果となる。バロンズ誌が二〇二一年に記したように、「ほとんどの企業は、後に低いハードルを越えることができるよう保守的に予想する傾向にある[12]」。

このようにして、すべてが計画どおり進めば、株価はＥＰＳがビート（Beat）したことに基づいて上昇するだろう。ゲームのルールどおり、だれも一〜二セント間違えたぐらいでアナリストを責めたりしないだろう。アナリストは高い精度で利益を予想できた功績を認められる。そして、株価の上昇がたった一日しか続かなかったとしても、その銘柄は保有したい類の銘柄という評価を得ることになる。メッセージは「この企業の優れた経営陣は一貫して期待を上回る」だ。

ウォール街の古いジョークを言い換えるならば、このささやかなシステムは企業にとってもうまくいき、アナリストにとってもうまくいく。三勝二敗なら悪くない。投資家たちは、彼らを株式のユニバースに隠れた宝石に導いてくれるかもしれない自律的思考を妨げる仕組みから利益を得ているとは言えない。だが、このゲームを動かしているのは彼らではない。

確立された仕組みのなかで活動しているアナリストは企業のガイダンスを無視するリスクを十分に理解している。彼らは、企業の実際の売上高や費用の要素に照らせば最終的に正確たり得るが、経営陣が利益の大きなボラティリティを回避するために料理したＥＰＳの数字に従えば最終的に間違い得ることになる。キャリアという視点に立てば、見当違いの予想をして注目を浴びないようにすることが鍵だ。

ガイダンスゲームに取り組むアナリストにとって最も安全な戦略は経営陣が提示した数字から離れないことだ。結局、景気がすべてを台無しにしてしまう四半期があるかもしれない。実際の収益や費用が、経営陣がチャンネルスタッフィングや恣意的な会計上の判断を通じてコントロールできる範囲を超えて大きく変動することもある。そのような場合、アナリストはガイダンスの影響を受けたコンセンサスから離れずにいるかぎり、他社のライバルたちから見劣りすることはないだろう。

だが、支配的な集団思考――もしくはコンセンサスと呼ばれる――が示唆する株価目標は非現実的なまでに高いとアナリストが考えているとしたらどうなるだろうか。問題ない。

急いでその銘柄で仮定したＰＥＲ倍率を引き下げれば、株価目標は現実的な水準まで下がる。

極端なケースでは、グレートガイダンスゲームに組み込まれたインセンティブによってアナリストたちは自分たちのＥＰＳ予想を完全一致させることがある。ここでもまた、投資家にとっては悪い結果となる。アナリストがガイダンスゲームで恥をかかないことに焦点を当てているかぎり、彼らは独立した判断がもたらす利益を投資家たちから取り上げているのだ。

幸運なことに、通常ゲームはこれほどうまくはいかない。アナリストの予想が必ずしもガイダンスの数字に収束しないことは容易に分かるだろう。だが、二〇二〇年の出来事は、アナリストは企業が彼らにいてほしいと思う場所から大きく乖離しないようにする傾向にあることを示す証拠となった。

当時、コロナパンデミックが経済の見通しに大きな不確実性を生み出していた。これに対して、ウォール・ストリート・ジャーナルはＳ＆Ｐ五〇〇の企業のうち一八〇社がガイダンスの発表を取りやめると報じた。この有益なヒントがなくなったことで、アナリストの利益予想のばらつきは少なくとも二〇〇七年以降最も大きなものとなった。

アメリカ経済が二〇二〇年三月から四月にかけてリセッション入りしていたことを考えれば、いずれにしてもばらつきは増大したかもしれない。だが、リセッションは二〇〇八年から二〇〇九年にかけてのリーマンショックよりもはるかに穏やかなものだった。そのため、予想のばらつきの原因が主に景気後退にあったとしたら、二〇〇八年から二〇〇九年におけるばらつきは二〇二〇年のばらつきよりも大きなものとなったはずだ。われわれは、アナリストの予想がひとところにまとまっているかぎり、ガイダンスは役に立っているようだと結論できる。

経営陣にいい顔をする

アナリストが企業のガイダンスに従うもう一つの理由は経営陣へのアクセスを保持するためだ。これには、顧客のために企業の上級幹部と面会する時間を獲得することも含まれる。役員室への入場料は利益をもたらすのだ。

リン・ツェン、ジン・チェン、スディプト・ダスグプタ、バニタ・ラグナサンによる二〇一六年の研究では、決算説明会で早い段階で質問を求められるアナリストは優れた経歴を持っていることが示された[13]。また、経営陣によるそのような扱いはランダムではない。ローレン・コーエン、ドン・ルー、クリストファー・J・マロイによる二〇一四年の研究によれば、調査を行ったIR担当者の五九%が質問を求めるアナリストの順番を能動的に管理していると述べている[14]。

ウォール街でお決まりのジョークとなっているのだが、アナリストは企業の重要人物に向かって頻繁にこう言うのだ。「素晴らしい四半期ですね、皆さん」。調査会社のセンティエロの報告では、二〇二一年八月、このような言葉が発せられたのは過去最高の三二七回に上った。決算説明会の筆記録を分析したとある金融関連のウェブサイトによれば、「おめでとうございます」も良い結果となった。

二〇一七年、ウォール・ストリート・ジャーナルのジェイソン・ツバイク[15]がジョナサン・ミリアンとアントワネット・スミス[16]による研究を伝えている。彼らは五〇〇〇社による一万六〇〇〇回の決算説明会を分析した。これらの説明会に参加したアナリストが四半期業績を「良い（Good）」「素晴らしい（Great）」「好調な（Strong）」という形容詞を使って表現した回数は二一万五〇〇〇回を上回った。

企業がこのような従順な態度を奨励するのも当然だった。ミリアンとスミスは、アナリストが経営陣の業績を気前良く称賛すればするほど、決算発表後に株価は大きく上昇することを発見した。ツバイクは決算説明会でのアナリストの言動を「愛玩犬（lapdog）」「お追従（craven flattery）」「すすり泣き（snivel）」「おべっか使い（bootlicking sycophants）」といった表現で形容した。ニュースレターを発行しているマーク・ルービンスタイン[17]は「経営陣とお近づきになろうとしている」「私的なアクセスと引き換えに社会的な責務を放棄している」と説明していた。

これらの研究結果によって、「ビート・ザ・コンセンサス（Beat-the-Consensus）」を八百長と呼ぶことが完全に正当化されることはないだろう。だが、二〇二二年初頭にロイターが報道した次の統計について考えてみてほしい。リフィニティブによれば、その時点までに二〇二一年第4四半期の業績を発表した一八〇社のうち、アナリストのコンセンサス予想を上回ったのは「たった」七八・八％だった。ロイターの見出しによれば、ウォール街は直近の業績にガッカリしていたらしい。対照的に、それまでの4四半期を通じて、平均すると八四％がコンセンサスを上回る業績を発表していたのだ。

スポーツイベントを取り扱うオッズメーカーは、賭けが勝率八〇％にもなったら破綻する。ハンディキャッパーの目的は、賭け手の半分が勝ち、半分が負けるように線を引くことだ。そうすることで、ブックメーカー――合法のゲーミングサイトというケースもある――は、掛け金の一定割合をてら銭としてがっぽりと懐に入れるのだ。

ＥＰＳ予想は同じビジネスモデルに基づいて組織されているのではない。だが、バイアスのない予想というコンセプトに慣れ親しんだ初心者の投資家は、企業がコンセンサス予想を上回る場合、それは本当に当初の期待を超えているのだと仮定するだろう。だが、結果の大半が予想を上回るのであれば、そのような結論は有効ではない。

シナリオから逸脱する

この時点で憤りを感じているとしたら、少し落ち着けるよう付け加えさせてもらいたい。アナリストたちの全面的な協力の下、経営陣が期待の形成を管理しているシステムは企業にしてみれば、素晴らしい仕組みである。だが、実際には事態は常にそのように進むわけではない。実際にはアナリストのＥＰＳ予想はガイダンスの数値に集約されない。何人かのアナリストが集団から離れ、コンセンサスよりも高い、または低い予想をすることがある。そのような場合、何が「異常」なのだろうか。

実はＥＰＳ・ＰＥＲ・株価目標・ガイダンスの生態系に適合しない企業が存在する。それらの収益、その結果としての利益を正確に予想することは、向こう三カ月という短い期間であっても極めて難しい。それらの企業は繰り返し発生する収益源にほとんど完全に依存してはいない。それらの企業は、毎年市場シェアがほんの少ししか変動しない業界で競争しているのではない。彼らの売上高の増減はなじみのある経済指標とは相関しないのだ。

そのような企業が財政的に成功するかどうかは、競争の厳しい市場で人気を得るかどうか分からない新製品を次々に生み出すことにかかっている。革新的なイノベーションと陳腐化の間隔が短い、技術的にもダイナミックな業界で活動している場合もある。もしくは、企業の収益が大衆を引きつけるエンターテインメントのコンテンツを生み出すことに依存している場合もある。映画ファンや音楽ファンが何を求めるかを確実に知る方法はない。また、見通しの不確実な企業が何とか奇跡を起こすとしても、それが翌年も再び起こる保証はない。

後にナンバーワン銘柄を詳細に研究するときに分かるだろうが、この種の予測不可能性は美徳となる。コンセンサス予想を反映したバリュエーションが付いている企業が、最終的に同社の見通しに対して最も楽観的で、突出しているアナリストの評価を上回ると仮定してみればよい。同社の株式は平均的な銘柄よりも大きく上昇するだろう。株価は一年で二倍になるかもしれない。

だが、このコインにはもう一つの面がある。この種の企業で起こり得る結果の範囲は非常に広くなるので、同社のＥＰＳが最も悲観的なアナリストの予想よりも悪くなるという大きなリスクが存在する。そうなれば、その銘柄は最終的にＳ＆Ｐ五〇〇指数のナンバーワンよりも五〇〇位に近くなるかもしれない。

ＥＰＳのガイダンスゲームに巻き込まれている投資家は、私が今説明した特徴がまったくない企業であっても突然嫌な思いをさせられる可能性はある。数段落前の「すべてが計画どおり進めば」というフレーズに留意してほしい。自然災害やストライキや悲惨な産業事故・主要顧客の喪失といった予想外の出来事が、ローテクのシクリカルではない業界の成熟した企業が持つ安定的な収益源をひっくり返すこともある。

悪いニュースがスクリーンを横切るまでは、アナリストのＥＰＳ予想がすべて企業のガイダンスに集約されていても問題とはならないだろう。アナリストが悪いわけではないが、彼らの利益モデルのうち、その四半期で本当に重要となった一つの要素を組み入れているものは一つもなかった。理論家であれば、アナリストがＥＰＳ予測に適用しているＰＥＲ

倍率に実際に発生したような出来事がもたらす小さなリスクを組み入れていたかどうか興味を持つかもしれない。だが、実際問題として、それは企業にとっても、それをフォローしているアナリストにとっても、そして当然ながら株主にとっても災難でしかない。

ＥＰＳで舗装された道路のくぼみ

ガイダンスゲームに関連付けて取引を行うことで惑わされるもう一つの形がある。企業の短期的な変動を予想するコツを知っているアナリストがいるとしてみよう。数年間にわたり、このアナリストの予想がコンセンサスを上回っていたときは企業もコンセンサスを上回り、アナリストの予想がコンセンサスを下回っていたときは企業もコンセンサスを下回った。今回、名人の予想はコンセンサスよりも高い。この予想は、企業の利益の重要な原動力をすべて慎重に分析した直近の調査リポートによっても裏付けられている。ここで、手っ取り早く利益を上げることを期待して、この銘柄のオプションを買い、アナリストが次の四半期をどのように評価するかを待つことにする。

業績が発表されると、この優秀なアナリストが予想したとおり、企業はコンセンサスを数セント上回った。だが、驚いたことに株価は上がるのではなく下落し、このトレードは失敗に終わる。結局のところ、ＥＰＳはコンセンサスを上回ったが、企業の売上総利益は予想を下回ったのだ。この四半期に限って言えば、市場は通常は注目の的となるＥＰＳよりも企業の売上総利益を気にしていたわけだ。

別の四半期では、企業がアップデートした翌四半期のガイダンスが市場の予想を下回っているので、ＥＰＳがコンセンサスを上回っても株価が下落することもある。重要なことは、何の前触れもなくルールが変わるゲームに参加するのは危険だということだ。

本当に独立した分析を行っていないアナリストを追いかけることで起こるさらなる危難がある。取り急ぎ記すが、私はそのような怠慢な分析が代表的なものだとは思わない。ほとんどのアナリストは顧客に優位性をもたらす銘柄を選択すべく懸命に仕事をしていると私は信じている。彼らは、企業はいかなるときでも任意に会計上の調整を行うことで自分たちの足をすくうことができると分かっていてもそうするのだ。私はほとんどの株式アナリストは信用できると思っているが、ウォール街でのかつての経験から、アナリストのＥＰＳ予想の根拠を調査することが重要であることを学んでいる。

私が勤めていた企業のコンプライアンス部門は、特定の企業に関する株式アナリストの意見と、クレジットアナリスト（債券アナリスト）の意見の相違を解決するよう求めてきた。問題を理解するためには、一部の投資家の想定に反し、クレジットアナリストは単に企業の貸借対照表を調査し、負債比率などの指標に基づいて信用リスクを計算しているのではないことを知る必要がある。株式調査のアナリストたちと同じように、彼らも懸命に将来を見通そうとしているのだ。

クレジットアナリストたちが把握しようとする主たる将来の数値の一つがＥＢＩＴＤＡの略語で表されるものだが、これは利払い税引き前減価償却償却前利益（earnings before interest, taxes, depreciation and amortization）を意味している。概して利益は将来のＥＢＩＴＤＡを予想するうえでは変動をもたらす要因となる。なぜなら、その他の要素のほとんどは年初の時点からおおよそ固定される。税金については、税引き前利益に対する割合として十分に推定可能である。

私が関与した状況では、企業の翌年の利益に対するクレジットアナリストの予想が、株式調査を行うアナリストの予想よりもはるかに悲観的だった。無理もないことだが、コンプライアンス部門は、最終的に株式のパフォーマンスが振るわなかったら、損を出した顧客が訴えはしないかと心配したのだ。彼らの弁護士たちは、わが社のクレジットアナリストのより保守的な予想からも明らかなように、株式アナリストのＥＰＳ予想が非現実的であることを会社は知っていたと主張するだろう。

ちなみに、このシナリオは証券法になじみのない読者が思うほどこじつけではない。私は、取引のある証券会社を相手とした十数件の訴訟を抱えている大学の同窓生に会ったことがある。少しばかり皮肉であることは認めるが、私が思うに彼の戦略は「株価が上昇したら自分の勝ち、下落したら訴える」というものだったのだろう。だが、彼は自分の絶対に正しい判断が利益につながらなかったすべての取引で騙されていたのだと心から考えているようだった。

話を本題に戻すが、われわれは法的責任を問われることを回避するために二人のアナリストの利益予想を調和させなければならなかった。私は、これは簡単に成し遂げられると思った。私は、クレジットアナリストが利益予想に用いたスプレッドシートを入手した。そこには翌年の企業の損益計算書のすべての科目の予想値が含まれていた。つまり、売上原価、一般管理費、といった具合である。そして、株式アナリストに電話をかけ、二つを比較できるよう彼が用いたスプレッドシートを提供するよう頼んだ。そうすれば、結論、つまり利益に関して意見が分かれた原因を割り出すことができる。

数日が経過し、株式アナリストから連絡がないことに気づいた私が再び電話をかけると、彼らはすぐにスプレッドシートを送ると約束した。数日後、まだ届かなかったので、私はそのような資料は元々ないのだと気づた。株式アナリストが公表したリポートには、収益予想とEPS予想だけが記されていた。彼は企業の損益計算書を上から下まで調べてはいなかったのだ。彼はただ企業の収益と利益のガイダンスを入力し、あからさまになりすぎないよう少しばかり修正したのだろう。確かにこれは勤勉なクレジットアナリストが行ったよりも効率的で、合理的な方法だった。

安心していただきたいのだが、ほとんどの株式アナリストがこの簡便法を実践しているとは思わない。だが、何時間も集中して仕事をするアナリストが指数に打ち勝つポートフォリオを構築する役に立つような成果を必ず生みだすと仮定すべきでもない。いわんや、S&P五〇〇で最良のパフォーマンスを示す銘柄へと導く彼らの能力は保証のかぎりではない。

株式アナリストに完璧な予想を求める者はいない。だが、少なくとも、物事の方向性が変わり始めるときの明確なサインくらいは期待するかもしれない。そのようなささやかな恩恵に対する希望でさえ満たされないままとなるかもしれない。二〇二二年七月、ベテランのマーケットストラテジストであるリチャード・バーンスタインは、ウォール街のアナリストの見解はいつも市場サイクルの中間に位置すると述べた[18]。「企業業績で『ネガティブサプライズ』を受けるようになる、つまり多くの企業が期待どおりの業績を上げられないとアナリストはまずこれは異常だと言うだろう」

リチャード・バーンスタイン・アドバイザーズのトップによれば、その後アナリストたちは結託し、自分たちの予想を大幅に切り下げる。そして、やがて事態が好転し始めると、アナリストたちはそれをゆっくりと認識することだろう。「だれも自分からそう言いだしたがらないだろう」とバーンスタインは述べている。

また、無意識とはいえ、アナリストの結論が最良の銘柄を推奨することとは関係のない事柄から影響を受けるリスクがある。アナリストが割り当てられた業界が人気を失うことがある。そのような状況は数年続くかもしれないが、それはアナリストのキャリアの野心や脚光を浴びることへの憧れにとっては不幸なことだ。そのような障害に直面すると、大部分の意思決定者は完全に思い違いをしているのだと自らを納得させようとするのは人間だからだろう。

その結果、見慣れた話となる。つまり、「これらの銘柄は不当にも人気を失っている。

市場でお金を稼ぐ方法はだれもが嫌うものを買うことだ」。これが、その業界を支持するための無理なこじつけだとすれば、別の言い方もできる。アナリストはグループに属する一つの銘柄はある重要な点で競合他社とは異なるが、「同罪とされている」のだと投資家を納得させようとするかもしれない。もしくは、「彼らは細事にこだわり大事を逸しているのだ」。さらに派手な言い回しをするなら、「警察は、売春宿の手入れではピアノの演奏者まで捕まえる」。

投資アドバイスを提供することに大きな責任を有する人々は自分たちの判断が個人の利害に屈することを本当に許すだろうか。私はショックを与えないことを望むのだが、その答えはイエスである。もう一つの逸話を紹介させてほしい。

私はさまざまな話題を取り上げたカンファレンスのパネリストに招かれたことがある。私に割り当てられた話題は投機的格付けの債券だが、これは軽蔑も込めて「ジャンクボンド」と呼ばれるカテゴリーだ。私は、プログラムのスポンサーが私に期待するのは具体的な事実や数値を文書化して、このアセットクラスに広く見られるダウンサイドリスクとアップサイドポテンシャルに関する説得力ある分析を提示することだと考えた。私は割り当てられた時間でできるかぎりのことをした。私の見解では、ハイノールド債券――一九一九年の昔からこのように純粋に説明的な呼び方がされている――の向こう一二カ月のリターンはほどほどなものだった。

パネルには二人の株式のファンドマネジャーが参加した。彼らはプログラムの枠を割り当てられた栄誉をまったく違うように解釈していた。二人は自分たちの持ち時間をもっぱらすべての資金を株式に投資しない聴衆を非難することに費やした。当時、市場の先行きが怪しいことを示すサインが出ていたことも無視し、彼らはいくつか都合の良い指標を取り上げ、株式投資の美徳を説いた。参加者たちは説教を聞くためではなく、正しい知識を得るためにカンファレンスにやってきたことなど、彼らは気にしてはいなかった。このパネリストたちの理解のとおり、自分たちが担当するアセットクラス、そして可能であれば自らが属する組織の何十億ドルもの受託資産（ＡＵＭ）に追加の資本を引きつけることが使命だったのだ。

受託資産が増えれば信託報酬が増え、ファンドマネジャーの報酬の増大につながる可能性がある。このモチベーションが、彼らが株式の見通しを極めて前向きに評価したことに影響を与えたのだろうか、また、アナリストのカバレッジリストにある銘柄は、ほかのほとんどの者たちからすれば向こう数年は暗礁に乗り上げると思えるものでも、アナリストから見れば魅力的に思える可能性があったのだろうか。

結局、すべては一様ではない

楽観論に傾く自己奉仕バイアスは不人気な業界だけの潜在的な問題ではない。また、ファクトセットが収集したデータを頼りに判断される潜在的な問題でもない。二〇二二年四月、同社のジョン・バターズは、過去五年間の月次平均に基づいて、S&P五〇〇の銘柄に対する何千件にも及ぶアナリストのレーティングの内訳を公表した。

買い　　五二・九%
ホールド　四一・一%
売り　　六・〇%

S&P五〇〇の銘柄のうちどれだけがそれをフォローするアナリストの大半から買い、ホールド、売りと評価されているかはこの内訳からは直接的には分からない。だが、調査対象となったすべての調査機関が同数の買いと売りの推奨を行い、そのうえで全体で買いと売りがこれほど偏るのは理論上あり得ない。そのため、多くの調査機関において買いと売りの割合は五〇対五〇ではなく、買いと売りは九対一（五二・九％対六・〇％）に近くなる傾向にあると推察できる。

この推論は二〇二二年八月に大手証券会社が発表した推奨の分析でも支持されている。マーケットビートのデータによれば、一八社が発表した買いと売りの比率の中央値は七・一倍だった。一八の調査部門のなかで最も均衡の取れていた推奨は買いと売りの比率が「たったの二倍」だった。その対極で、ある証券会社の比率は買いが六〇％に対し売りが〇％で、結果として比率は無限大となった。次に偏りが大きかったのは買いと売りの比率が三三対一だった。

買いが圧倒的に優勢なのはある種の機能不全を示唆していると思うかもしれない。確かに、チョコレートとバニラのアイスクリームを同じ量作ろうとしている乳製品業者が、実際にはチョコレートのアイスクリームがバニラの二〇～三〇倍出来上がってしまったとしたら、それは製造過程で何か間違いが起きていると思うだろう。

だが、多くの取引を生み出すことに報酬が依存する株式の営業マンの視点からこの問題を考えてみればよい。売りの推奨はすでに株式を保有している顧客にしか役に立たない。一方、買いの推奨は営業マンの担当リストにあるすべての者たちに関係する。

これは、すでに株式を保有している顧客も含まれる。彼らは、アナリストが「何回でも言うが、買いだ」と言って市場を驚かせる（この行動はファイナンスの教授たちによる「市場に持ち込まれた新しい情報」の定義は満たさないかもしれない。だが、金融ニュースの編集者たちは記者たちが説明できない株価の急騰を繰り返される買い推奨のせいにすることを認めるだろう）と、買い増すよう説得されるかもしれない。営業マンの利益に関するかぎり、アナリストが売り推奨を結論とするリポートを作成していたら、彼らの時間を最も生産的に利用していないことになるのだ。

買いのリポートが売りのリポートよりも役に立つ、株式を売る仕事をしていないとしても、買いと売りの比率が九対一であっても問題はないと思うかもしれない。結局のところ、市場全体が大きく上昇するならば、下落する銘柄よりも上昇する銘柄が多くなるだろう。それらすべてはアナリストが推奨を行う時点で保有していて良い銘柄となることは確実だろう。そして、株式市場が長期的には確実に上昇するという事実は、その取引が遅かれ早かれ利益をもたらすことを意味する。

この説明の欠陥は、株式アナリストは今後数年のうちに株式市場全体の上昇に合わせて株価が上昇する銘柄を見いだすことで給料をもらっているのではないということだ。そのような前提で投資をしようと思っている投資家はインデックスファンドを買う。そのことに何も問題はないのだが、株式調査部門は別のタイプの投資家、つまり銘柄選択に焦点を当てるアクティブ運用者の利益のために存在する。彼らはアウトパフォームする銘柄を選択することで市場平均を上回ろうとする難題を好むのだ。

ストックピッカーのなかには、機関投資家の資産運用を巡る厳しい競争に従事しているファンドマネジャーたちがいる。彼らは自らが資金を運用している年金基金や大学の寄付基金による毎年の評価にさらされる。彼らのパフォーマンスは四半期ごと、もしくはさらに短い期間で測定される。ベンチマーク（運用するポートフォリオの種類に対応した指数）を一年間アンダーパフォームすれば、おそらく顧客たちは資金を引き上げるだろう。投資信託のファンドマネジャーの短期的な結果は世界中が目撃することになる。彼らがより大きなファンドを運用し、個人的な報酬を増やしたいと思うのであれば、高い安定性をもった素晴らしい成績を出さなければならない。

このようなファンドマネジャーたちの成功は市場指数に関係するので、強気相場で上昇する銘柄を保有しているだけでは十分ではない。彼らはアナリストたちに市場が上昇するときに指数を上回る上昇を示す銘柄を推奨してもらう必要がある。このような手はずのもとでは、弱気相場において指数よりも下がらない銘柄は、強気相場で指数を上回る上昇を示さない銘柄よりも良い推奨となる。調査機関のなかには、ベンチマークを上回ることが彼らの顧客の目的であることを認識し、買い・ホールド・売りではなく、アウトパフォーム・マーケットパフォーム・アンダーパフォームといった用語を用いるところもある。

では、自らをこの設定のなかで活躍しようとしているファンドマネジャーだと想像してみてほしい。紛れもない事実だと分かっていることの一つが、定義上、指数を構成する銘柄の半分は平均よりも良いパフォーマンスを示し、半分は平均を下回るということだ。ここで、自らの企業が最も信頼している調査会社が平均を上回る銘柄は平均を下回るリターンしか上げられない銘柄よりも九倍も多いと主張しているとしよう。さらに、彼らがカバーしている銘柄の四〇％ほどをホールドと評価していることを付け加える。この評価は、それらの銘柄はすべて指数と同じようなパフォーマンスを示すだろうということだ。これも起こるはずはないもう一つの現象だ。

予想される結果があり得ないことだと分かっているときに、この調査をどのように役に立てることができるだろうか。

この一文を読んで、私には実際にどのように機能するか分からないと言う市場のプロたちもいるだろう。彼らは、それらのホールドは実際には売りだと説明するだろう。そのように考えるとしたら、前述の五二・九％対六・〇％だった買いと売りの比率は、不思議にも五二・九％対四七・一％となる。完璧な五〇対五〇ではないが、よく言われるコイン投げでもない（パーシ・ダイアコニス、スーザン・ホームズ、リチャード・モンゴメリーが行った厳格なテストでは、五一％のケースでコインは前回とは異なる面が表になることが分かった）[19]。

プロたちは次のように告げるだろう。「分かりますか、ある銘柄を売りとする無責任なまでに過激な行動に出れば、そのアナリストはすぐさまその企業の経営陣からペルソナノングラータ（好ましからざる人物）とされるのです」。もはや決算発表で質問を求められることもない。アナリストにとってＶＩＰであるバイサイドの顧客のために本社のドアが開くこともなくなる。完全に締め出されるわけだ。マイケル・コルレオーネのこの言葉を考えてみればよい。「フレド、お前とはもう無関係だ。兄弟でもない、友人でもない。お前のことも、お前が何をするかも興味がない[20]」

ありがたいことに、明らかに過大な価格が付いている銘柄を推奨し続けても、あらゆる信頼を失わずにこのような悲惨な運命を回避する方法がある。企業の見通しが明らかにひどい場合、アナリストは格下げをすることで同社に厳しく対処できるのだが、それでもホールドとするまでだ。これは内情に通じている人物にウインクすれば済む（「はっきりと口にしなくても、これが『今すぐ逃げろ』という意味だって分かりますよね」）。これは必ずしも賛成は賛成、反対は反対と聖書の禁止事項のように整然としたものではない。だが、真意を伝え、全員のメンツを保つことができる。何が悪いというのだろうか。

十分に理解できるのだが、ファンドマネジャーの立場に立って考えてみると、私はこの癒着した関係についていくつか不快な疑問を感じる。第一に、実際の売りとウインクで示す売り（もしくは、ホールドと呼ばれる）の違いは何なのだろうか。売りは「本当に、真剣なんだ。今すぐ叩き売れ」という意味かもしれない。もしくは「ポジションを増やすな」という意味かもしれない。ホールドの場合は売って、売りの場合は空売りをすれば良いのだろうか。

また、指数を構成する銘柄のうち平均に近いパフォーマンスを示すのは四〇％もないことはわれわれも知っている。S&P五〇〇のうち、トータルリターンで見て真ん中の四〇

％に属する銘柄は一五一位から三五〇位にランクされる。二〇二一年、それらの銘柄のリターンは一五・三三～四二・四五％の範囲にあった。これに比べ、中央値（二五〇位と二五一位の中間）は二八・一七％だった。そのため、ホールドとされた銘柄のいくつかは実質的に売りに分類するのが正しいことが証明されたが、私がベンチマークに打ち勝とうとするなかで大いに役に立ってくれただろう銘柄もあった。これは事実上、それら二〇〇銘柄のなかには、「ストロングホールド」とすべきもの、「ウイークホールド」とすべきものがあったということだろうか。将来、どれがどれかを教えてくれる人が出てくるかもしれない。

ホールドとされた銘柄には平均を大幅にアウトパフォームするものがある一方で、大きくアンダーパフォームするものもあるという事実に基づけば、私はキャリアの初めにホールドなどというものはないと教えてくれたベテラントレーダーたちに同意したくなる。そのような名称はアナリストが態度を鮮明にすることを避ける手段でしかない。トレーダーたちは曖昧な態度をとることはできない。彼らは売るなり、買うなりしなければならないからだ。

最後に、以上のことは脇に置くとして、アナリストの目的は優れた銘柄を私に推奨することだろうか。もしくは、何百万ドルもの報酬があればそのような一撃は十分に吸収できるはずのＣＥＯたちの感情を害しないようにすることだろうか。

取り急ぎ記すが、これらの異議も現状に風穴を開けることにはならない。「ホールド」を「売り」の暗号とする確立した言葉遊びはあまりに定着してしまっている。二〇一八年九月四日、ブルームバーグニュースはアドバンスト・マイクロ・デバイセズに関するウォール街のアナリストの推奨は買いが一四件と売りが四件で「均衡している」と伝えた。一三件のホールドを売りとカウントしさえすれば、この七七・八％対二二・二％の比率は四五・二％対五四・八％となり、均衡と呼べるものとなる。

これはエイブラハム・リンカーンから借用したと伝えられるナゾナゾを思い出させる。犬のしっぽを脚と呼んだら、犬には何本の脚があるか。答えは四本だ。しっぽを脚と呼んでもしっぽは脚ではないからだ。

ＥＰＳとガイダンスの牢獄から抜け出せ

株式市場をＥＰＳに執着して過剰なまでに狭くとらえる見方にとらわれることは容易で

ある。四半期の決算発表はメディアにとっては出来合いのニュースのネタとなる。四半期ごとの儀式もアナリストが予言者としての武勇を示す機会を繰り返し提供する。この決算をめぐるお祭り騒ぎは、市場で本当に価格を付けている者たちが株式を評価する方法とまったく関係がないことが証明されているにもかかわらず、ＥＰＳで株式のリターンは決まるという幻想を生み出している。

バカバカしさに輪をかけるように、最上の指標であるＥＰＳで評価されるはずの企業は、完全に合法的なやり方でその値を自分たちに都合良く改竄している。彼らはまた、アナリストたちによる四半期業績の独立した予想に制約をかけることができる。アナリストたちには企業のガイダンスから乖離しすぎれば印象を悪くするリスクがある。ついでながら、ＥＰＳゲームに参加する企業のなかには、事業を運営する社内のプロセスではＥＰＳに注目すらしないところもある。だが、ＥＰＳの上に建つ複雑な構造に直面すると、投資家はワナにはまってしまう。彼らは一日の株価の上昇や下落を生み出すビート（Beat）やミス（Miss）を予想することが自分たちの課題だと結論してしまうのだ。

投資家がこの短絡的な数字の分析を補完するストーリーを求めるかぎり、メディアが彼らに提供する解説は無益なキャッチフレーズばかりとなる。そのような表象的な議論の多くで、昨年も一昨年も等しく真実だったことが特定の銘柄を特定の時点で買う根拠とされる（「素晴らしい企業」「健全なバランスシート」「経験豊富な経営陣」）。通常、この無益な解説はアナリストというよりもちょうちん持ちとして活動する永遠の強気筋からもたらされる。

ＥＰＳの牢獄への収監が強制的な終身刑ではないことが救いだ。ＥＰＳは重要ではないとした一九七四年のジョエル・スターンの革命に追いついた株式リサーチャーの助けを借りて牢を破るのは可能だ。さらに進んで、その効果を得るべく努力しようとする者たちに向けて本当に役に立つ分析を行っている者もいる。

世間の様子を知るために、私はブルームバーグが収集した、当時まだフェイスブックと呼ばれていたメタ・プラットフォーム（ＦＢ）に関する二〇二一年の調査リポートに目を通した。そのリストに記載された組織が用いる方法論を詳細に記すことはしない。だが、ＥＰＳを忌避する者たちにとって本当に役に立つ情報が手に入ることを喜んでお伝えするが、最終的に自分たちの調査結果を今でも「ＥＰＳ×ＰＥＲ＝株価目標」に単純化している調査部門もある。

前述のとおり、スターンは株価を決めるうえではＥＰＳよりもフリーキャッシュフロー

（ＦＣＦ）が重要だと強調した。一株当たりを基準にすると、フリーキャッシュフローはバークレイズがＦＣＦイールドとして発表する指標の分子に登場する。ＪＰモルガンはＦＢを検討している者たちに「ＦＣＦＦイールド」と呼ばれるＦＣＦイールドの変形版を提供している。

ニーダムはリポートのまとめにＯＩＢＤＡ（減価償却償却前、株式報酬前営業利益［operating income before depreciation & amortization and stock compensation］）と呼ぶ指標を挙げていた。フィリップキャピタルは同社の株価目標を割引キャッシュフローの予想値と関連付けていた。フィリップキャピタルは自社の株価目標は定性的な要素を考慮したものだと記した。つまり、株式のリスク・リワード特性、市場のセンチメント、直近の株価上昇率、株価のカタリストの有無、その銘柄をめぐる投機的な要素といった具合だ。特に、カタリストに重きを置いていることに注意してほしい。これは、いつの日か市場は株価が何カ月も何年もその本源的価値を下回っていることを自発的に認識すると信じることが求められる思慮の浅いバリュー投資とは大違いだ。

ＦＢに関するリポートのなかで、ＥＰＳ×ＰＥＲ＝株価目標のパラダイムから最も徹底的に抜け出していたのはバレンス・リサーチの分析だ。バレンスは自社のリポートは特定の銘柄の「買い、ホールド、売り」の推奨を行うものではないと強調している。筆者たちは投資判断を下すにあたってほかの情報を考慮するよう読者を促している。だが、バレンスはほかのほとんどの調査で見られるよりも徹底した調査に基づく独自の指標を用いている。

バレンスが考え出したバリュエーションのツールを詳細に説明しようとすると、非常に込み入った文章となってしまう。だが、それらのツールの一つからアイデアを得ることはできる。それは運転資本の純額に減価償却の対象とならない長期の営業資産を足したものからなる。そして、後者には土地や減価償却の対象とならない無形の営業資産が含められ、のれんやその他買収関連の無形資産は除外される。

好戦的なトレーダーたちがビート（Beat）やミス（Miss）を求めて耳を傾ける決算発表については、バレンスは「業績発表の法医学」と呼ぶ独自の手続きを適用する。この方法論では、四半期の説明会だけでなく、その他公開のイベントで経営陣が用いる表現を検証・評価する。バレンスは、ブローカーやディーラーは企業の経営陣との関係を悪化させることを恐れるがゆえに、自分たちが用いるテクニックを利用する能力も意思もないと断言する。

企業や調査部門やメディアが自分たちをガイダンスゲームに誘い込むことを許すのは自らの財政的な利益にならないのではないかとの疑念を抱いている投資家にとってさらに良いニュースがある。ガイダンスを発表することをやめた企業がある。おそらく最も注目を集めただろうが、バークシャー・ハサウェイのCEOであるウォーレン・バフェットは「利益のガイダンスをめぐるゲームに参加するのはあまり良い慣習ではないと思う。あれはゲームだ[21]」と述べている。オマハの賢人は、ガイダンスはたくさんの悪いことにつながると考えていると述べている

また心強いことに、バークシャーは同社の四半期と年間業績の平準化を行わないことを誓っている。バフェットが記した「オーナーズマニュアル」において、同社は各ホールで何打たたいたかを株主に必ず伝え、スコアカードをもてあそぶことはけっしてしないと華々しく誓っている。本章の要点を補強するかのように、バフェットは、従来の会計の限界ゆえに、公表される連結の業績ではバークシャーの真の経済的パフォーマンスはそれほど明確にはならないかもしれないと指摘している。

この点では、バフェットは、実際に株価を決めている洗練された投資家たちは会計に基づき公表された利益に頼らないと言ったジョエル・スターンに似ているように思える。彼

は、株主はGAAPでは算出されない利益の恩恵を実感することになるとの自信をのぞかせている。その恩恵とはキャピタルゲインという形でもたらされるだろう。

最後に、バークシャーは損失があまりに大きすぎて会計のトリックを使って取り繕うことができない企業が用いる「ビッグバス」の戦略を拒絶する。大きな損失は株式にとって悪いことだが、より大きな損失がより悪いわけではないと広く信じられている。そのため、正当な景気後退によって四半期の損失が避けられないとしたら、それは多額の評価損を計上する都合の良いタイミングとなる。経営陣は評価損を処理せずにおき、翌四半期に再現できないと思われる異常な利益を相殺するために活用できるときまで先延ばしすることが多いのだ。

数億ドルの損失が追加で発生しても株価にさらなるダメージはないと経営陣が考えているならば、どうして必要以上に大きな評価損を計上しないのだろうか。それは、経営陣が安定的に増大する利益を公表するために今まで意図的に見過ごしてきたさまざまな事柄を処理する好機となる。貸借対照表には当てにならない債権や傷んだ在庫や期待どおりの成果を上げなかった買収で生まれたのれんなどが満額で計上されている。

これらの資産の評価を強引に切り下げることで、経営陣は減損処理した資産という「クッキー・ジャー留保金」を生み出すことができる。驚くべきことに過去の会計処理が保守的にすぎることが判明したときには、その評価損を戻すことができる。業績が振るわないことで同社の安定的な成長を台無しにする恐れがある四半期に、偶然にもそれが判明したら、思いがけない幸運というものではないだろうか。

ファンダメンタルズ分析に関する最後の考察

株式アナリストが用いる方法論をめぐるこの長い旅路の終着点は、彼らがとても儲かる銘柄を推奨することもあるということに異議を唱えることではない。二〇二二年八月、異例の出来事が起こった。ロンドンを拠点とするジェフリーズのアナリストであるチャールズ・ブレナンが投資家に向けたメモのなかでヨーロッパのハイテクセクターにおける買収の波は続くだろうと予想した。親切にも彼は買収のターゲットとなる企業の図表を掲載した。

まさにその次の夜、カナダのソフトウェア企業であるオープン・テキスト・コーポレーションがマイクロ・フォーカス・インターナショナルを買収すると発表した。ブレナンはリストのなかでイギリスのソフトウェア開発業者が買収のターゲットとなる可能性は二番目に高いと特定していたのだ。オープン・テキストによる買収価格は前日の終値に対して九九％のプレミアムとなった。マイクロ・フォーカス・インターナショナルの取引が再開されると、株価は買収価格の水準まで急騰した。株主たちはおよそ二四時間のうちに自らの資金を二倍ほどにしたのだ。

このような出来事が毎日起こったとしたら、投資家はわずかな資金から始め、一年のうちに引退生活に十分な資金を稼ぐことができるだろう。だが、本書を通じて強調しているように、それは現実的でも、適切な願望でもない。成功する投資家の精神にとって忍耐力は不可欠な要素だ。

興味があるのなら、翌年のナンバーワン銘柄を選択しようとする正当な理由が二つある。一つ目は、その年に選んだ銘柄にポートフォリオの一～二％だけを配分するのであれば、財政的な痛手を被ることなく投機的な衝動のはけ口を得ることができる。二つ目は、銘柄を選択するために必要な調査を行うことで株価のダイナミズムについて有益な事柄を学ぶことができる。それらの教訓は、適切かつ信頼のおける株式ポートフォリオを構築する一助となるだろう。

これまでに記したファンダメンタルズの株式調査に関する概要から学ぶべきことは、証券会社や独立系の調査会社が発表する分析は、有益な面もあるが、S&P五〇〇で最も良いパフォーマンスを上げる銘柄を前もって割り出すという特定の目的を対象とはしていないということだ。これらの組織は、分散されたポートフォリオを運用するファンドマネジャーが彼らのベンチマークを適度に上回り、大きな損失を回避させることができれば報われる。ナンバーワンの銘柄を見つけるためには、まったく異なる視点が必要なのだ。

テクニカル分析に関して

本章の初めに株式アナリストによる企業のファンダメンタルズ――競争力、財政的健全性、利益など――の調査は株価の動きに焦点を当てるテクニカルアナリストの仕事によって補完されると述べた。彼らは、特定の株価のパターンが将来の株価予想に役立つとの信念から過去の株価の動きを示すチャートを描く。多くのストックピッカーはファンダメンタルとテクニカルの双方の結論を考慮する。

テクニカル分析に関する包括的な評価はほかの著者や機会に譲るべき大きな話題だ。本書の目的はその年に最高のパフォーマンスを上げる銘柄を前もって見いだす努力を手助けすることである。それを達成するために、私はテクニカル分析がこの難問の手っ取り早い解決策となるとする考えを疑う幾つかの理由を説明するに留める。

ファイナンシャル・アナリスツ・ジャーナルの編集者として書評を担当するなかで、私は二〇〇九年にアンドリュー・W・ローとジャスミーナ・ハサホジッチが記した『ザ・ヘレティクス・オブ・ファイナンス（The Heretics of Finance : Conversations with Leading Practitioners of Technical Analysis）』[22]の評論を記した。この本は本格的で、整然とした一冊だが、過去の株価を研究することで有益な投資アドバイスを生み出そうとするチャーチィストの努力にけっして賛同しないわけではない。

実際に、著者たちはテクニカルアナリストが好む一〇の株価パターンが統計的にも有効だとする研究をまとめている。ここで、彼らはこれらの発見からテクニカル分析を通して収益力のある取引戦略が得られると推論するには至っていない。だが、彼らは概してテクニカル分析には懐疑的なファイナンスの教授たちに、実践者たちと率直に対話をするよう促している。

この問題に対するローとハサホジッチのオープンな態度は、過去の株価の動きは将来の株価の動きとはいかなる関係も有しないとする効率的市場の熱烈な信奉者たちの信念とは対照をなす。その考えによれば、株価は株式の本源的価値を変える新しい情報がもたらされると変化する、以上だ。効率的市場の原理主義者たちにしてみれば、テクニカルアナリストが将来の株価を予想するために費やす膨大な時間はほとんどが時間の無駄なのだ。

『ザ・ヘレティクス・オブ・ファイナンス』でインタビューを受けたテクニカルアナリストたちは、自分たちの努力は高い科学的基準を満たしているという具体的な証拠をもってこの批判に反論していない。彼らの調査は経験的な検証に付されるべきだとする提言に対して、彼らは次のような反応を示している。

●理論の多くはバックテストされているとも、テストできるとも思っていない
●人生で白黒がはっきりしているものなどほとんどない
●テクニカル分析はアートだ

これらの発言が自信を呼び起こすものでないとしたら、ローとハサホジッチのインタビューを受けた者たちが「テクニカル分析に占星術を含めるのは、この方法論の信頼を損ね

ると思うか」という質問にどのように答えたかを考えてみれば良い。彼らは次のように答えた。

●占星術が有益なものとなるかと言われれば、私はイエスと答える
●それはあなたがおっしゃる占星術の種類に拠りますよ
●私は占星術を使って正確な判断を下す人々に会ったことがある
●占星術がテクニカル分析に役に立たないと言っているのは了見の狭い人たちだけだ

テクニカル分析の有用性に対する懐疑論は学術界に限ったことではない。有名な市場アナリストのラズロ・ブリーニはローとハサホジッチに対してこの方法論は厳格なルールと証明された理論が存在しないゆえに問題なのだと語っている。「テクニカル分析は態度を決めてから、その態度を支持する事柄を見つけることを可能にする」と彼は述べている。ブリーニは古くからあるテクニカル分析のルールのいくつかが誤りであることを証明し、「実際に、テクニカル分析は市場では役に立たない」と断言している。彼は、チャーチストが大切にしている騰落レシオに頼っていたら、だれも一九五七年から二〇〇二年まで株式と

かかわらずにいただろうと述べている。

自分たちの仕事を完全に否定されても動じることのないテクニカルアナリストたちは、自分たちの分析は株式市場を理解するための正しい道だと主張する。ロバート・ブレクターはファンダメンタルズ分析と組み合わせることでテクニカル分析の洞察力が深まるという考えをあざ笑う。彼に言わせれば、それは「食品はそれだけで用いるほうが体に良いのか、それともヒ素と混ぜたほうが良いのか」と問うようなものなのだ。アラン・ショーは、テクニカル分析は本質的に後知恵だという批判に直面して、ファンダメンタルズ分析も損益計算書や貸借対照表に頼っているのだから後知恵だと反論する。これはアナリストたちの株価目標は予想ＥＰＳに基づいているという本書がこれまでにファンダメンタルズ分析を批評するなかで強調してきた事実を読み飛ばしている。

テクニカル分析の愛好家はたくさんいるが、この方法を中傷する者たちはファンダメンタルズ分析を批判する者たちよりも辛口なように思える。私は「テクニカル」とも「ファンダメンタルズ」とも特定せずに、グーグルで「株式分析はインチキなのか」と検索してみた。最初に出てきた見出しは次のとおりである。

●「なぜテクニカル分析は役に立たないのか」――シーキング・アルファ
●「株式のテクニカル分析がインチキであることは証明されているのか」――クオーラ
●「なぜテクニカル分析は非合理的なのか」――シーキング・アルファ
●「テクニカル分析は基本的に欠陥がある」――フォーブス
●「テクニカル分析はインチキか」――ミッチェル・ローゼンタール（medium.com/）

この最後の見出しは、実際にはテクニカル分析に前向きな記事にあてられたものだ。だが、筆者が自ら投げかけた疑問に答える必要性があると考えていることは明らかだ。ファンダメンタルズ分析がインチキかどうかと検索して上位に出てきた記事のうち、ファンダメンタルズ分析を同様に卑下するコメントや鋭い疑問はなかった。本章で長々と記してきたとおり、ファンダメンタルズの証券分析も批判を免れない。だが、公平であろうがなかろうが、インターネットで簡単に検索すると強烈な懐疑論が出てくるのはテクニカル分析だけだ。

テクニカルアナリストたちにとってわずかばかりの慰めがあるとすれば、彼らのイメージは「軽犯罪者」から改善してきていることだ。テクニカルアナリストのアンソニー・タベルによれば、一九二〇年代にはそのように考えられていたのだ。当時、ポイント・アンド・フィギュア・チャートはプール賭博から利益を得るあからさまな企てに用いられていた。これは共謀して株価を操作しようとする試みで、当時はまだ違法ではなかったが恥ずべき行為だった。タベルは、一九五〇年代になってもその疑念はテクニカルアナリストたちを覆っていたと述べている。

だが、ここでの目的はテクニカル分析を葬ることでも、称賛することでもない。本書のテーマにとって重要なのは、何がナンバーワンの銘柄を選択したいと考える投資家の役に立つかだ。これはテクニカルアナリストが重点を置いていることではない。ＥＰＳを予想し、ＰＥＲを当てはめ、株価目標を算出するファンダメンタルズのアナリストの目標でもない。それぞれの方法論が用いる指標が何であれ、来る年に最も値上がりする銘柄に集中しようとしているストックピッカーたちは手にした情報の先を見なければならない。目を向けるべき場所の一つは過去にその栄冠を手にした銘柄のストーリーのなかにある。では、その話題に移ろう。

第2章　これが彼らのストーリー

第1章では、標準的な株式調査だけに頼っていては翌年のS&P五〇〇のナンバーワン銘柄はおそらく見つからない理由を説明した。アナリストたちはすべての銘柄のおよそ半分を買い推奨とするが、トータルリターンで見てナンバーワンとなれるのは一銘柄だけだ。候補を絞るためには、数字には落とし込めない幾つか追加的な特徴を探さなければならない。手がかりを得る良い方法の一つが、過去にナンバーワンになった銘柄のストーリーを研究することである。それらのストーリーがまったく同じになる年はないが、このプロセスを通じてすべての年に共通する要素が割り出せるだろう。

二〇一七年から二〇二一年までのナンバーワン銘柄について、ほかでは目にしたことのないストーリーをまとめている。もちろん、いずれかの年に実際に突出したパフォーマンスを上げた銘柄に関するコメントを見聞きしたことはあるかもしれない。だが、どの銘柄が最終的にナンバーワンになるかだれも分からなかったので、どうしてその銘柄がそれほどセンセーショナルな成功を収めたのかを理解することを目的に、上昇を始める前からその銘柄に注目し始めたジャーナリストはいなかった。

それらの銘柄の華々しい上昇の要因となった多くの出来事の重要性は事後になって初めて明らかとなった。そして最終的にその年のナンバーワンとなった銘柄のなかにはスタートで出遅れたものもある。結果として、それらは必ずしも最も注目を集めた銘柄とは限らなかったのだ。

一つの銘柄がチャンピオンとなった年を詳細に説明する方法は一つだけだ。だれかがその企業について、前年と勝利を収めた年の日々のニュースから断片を繋ぎ合わせなければならない。

だれかとは私ということになった。私の探偵仕事の結果から本章は成り立っている。あとの章で、これらのストーリーに共通する特徴を抽出するつもりだ。それは、次なるナンバーワンを探すときに目を向けるべき特徴である。

二〇一七年――NRGエナジー　一三四％

二〇一五年一二月三一日、ブルームバーグはNRGエナジー（NRG）がS&P五〇〇のなかで、アナリストの平均株価目標と比較して三番目に割安な銘柄であることを見いだした。この電力会社の株価はベンチマークを七〇％下回っていた。その後の一二カ月でNRGエナジーのトータルリターンは六％であり、S&P五〇〇の一二％を下回っていたので、この洞察はそれほど役に立たなかった。さらに残念なことに、電力業界のサブ指数のリターンは一六％だったので、NRGエナジーは同業他社を大きくアンダーパフォームしていたことになる。

アナリストたちは、一般的には借り入れに大きく依存していることで知られる電力業界においてNRGエナジーのバランスシートは健全なので、同社には株価目標を引き上げるだけの財政的な体力があると確信していた。親会社には二〇一八年まで返済を要する借り入れはなく、多額の現金を有していた。利用可能な銀行の信用枠の半分以上が引き出されていなかった。

要するに、NRGエナジーがS&P五〇〇のすべての銘柄を出し抜いた二〇一七年の一年前にアナリストたちは、同社は大きな可能性を秘めていると考えていたのだ。ある日、投資家が目を覚まし、ＮＲＧエナジーが割安であることに気づくかどうかの問題ではなかった（「どうしてわれわれは今まで気づかなかったのだろうか」）。それでは、強烈な営業マンが自ら選んだ銘柄を押し売りするときに示す株式市場の実際の振る舞いの戯画にすぎない。現実世界では、銘柄の潜在能力が花開くには何かしらの変化が必要だ。しゃれた言い方をするならばカタリストが必要なのだ。では、二〇一六年は何がＮＲＧエナジーを抑え付け、そして二〇一七年に何がそのダイナミズムに変化をもたらしたのかを見ていこう。

二〇一六年まで、ＮＲＧエナジーの株主は不安だった。株価は一〇年前の半分で、二〇一四年と二〇一五年は電力会社のサブ指数のなかでパフォーマンスが最も悪かった。多くの投資家は、株価低迷の原因はＮＲＧエナジーを火力発電の大手企業から再生可能エネルギーのリーダーに変革するというＣＥＯ（最高経営責任者）のデビッド・クレインのビジョンにあるとした。それは公共心あふれる大志だったが、ＮＲＧエナジーでは変革の風が吹いていた。二〇一五年一二月、取締役会はクレインを解雇した。その後、退任したＣＥＯは同社の石炭火力発電所を保持しながらグリーンエネルギーという心躍る分野に進出したかったが、安全で安定したリターンを求める投資家の選好が勝ったのだと述べた。

ＮＲＧエナジーは再生可能エネルギーという新時代への移行について語るべきことは語り続けたが、同社はいまだ異なる道を歩んでいた。ＮＲＧエナジーの発電量のうち風力と太陽光が占める割合は一〇％を下回っていたが、取締役会はＮＲＧエナジーの住宅向け太陽光発電部門の業績に不満を抱いていると伝えられた。この事業はその年のうちに縮小された。二〇一六年三月、同社は配当を減らし、今後力を入れる分野に資金を投じるより大きな柔軟性を手にした。

ウォール街は引き続きＮＲＧエナジーには大きな可能性を秘めていると考えていた。同社の株式はＳ＆Ｐ五〇〇のなかでもアナリストの平均株価目標に比べて三番目に割安だったが、一〇月までには一番割安となった。一一月、バロンズ誌のローレンス・ストラウスは市場で最高の電力株としてＮＲＧエナジーの名を挙げた。ドイツ銀行のアナリストであるエイブ・アザールは、株価を低迷させている唯一の要因は二〇一二年に買収した一〇〇％子会社のジェノン・エナジーの債務が削減交渉を必要とする水準にあることだと述べた。

ジェノンの悲惨な財政状態を示唆するかのように、二〇一七年一月、スタンダード・アンド・プアーズは同社をＣＣＣからＣＣＣマイナスに格下げしたが、これはデフォルトを示すＤのたった三つ上の格付けだった。そのうえ、この格付け会社はジェノンの格付けはさらに下がる可能性があると述べた。スタンダード・アンド・プアーズは、ジェノンには満期の近い債務に対処する信頼できる計画がないと警告し、六月までに破産するリスクがあると強調した。

ジェノンの格下げから一週間後、NRGエナジーがその潜在力を実現するカタリストがアクティビスト投資家という形であらわれた。NRGエナジー株の六・九％に相当する経済的イクスポージャーを有するエリオット・アソシエイツとその関連会社は、合計で九・四％の経済的イクスポージャーを有するブルースケープ・エナジー・パートナーズとその関連会社と協定を結んだ。二つの組織はすぐにNRGエナジーの取締役会との対話を始め、少なくとも一人の取締役を選任させる可能性を検討していると述べた。

ポール・シンガーが設立したエリオットは、これまでにもヘス・コーポレーションやメンター・グラフィックス、パルトグループ（二〇一二年にS&P五〇〇のナンバーワン銘柄になった）、テレコム・イタリアなどの企業の価値を解放するうえで主導的な役割を果たしている。ブルースケープを率いていたのはTXU（のちのエナジー・フューチャー・ホールディングス）のコスト削減を断行した元CEOで、ブルームバーグ・ニュースが「ターンアラウンドタイタン」と呼んだC・ジョン・ワイルダーだ。これらの大物たちがNR

Gエナジーへの関与を表明した直後、世界最大の資産運用会社であるブラックロックは同社の子会社がNRGエナジーに対する持ち分を六・五％まで増大させたことを明らかにした。

アクティビストたちが何らかの揺さぶりをかけるという見通しはすぐに影響を及ぼした。NRGエナジーは二〇一七年一月に三五％も上昇したが、電力会社のなかでも圧倒的に大きな値上がりだった。CNBCのジョン・ナジャリアンは、同社が一株当たり二〇ドル台での買収に関連してアドバイザーを採用したとの憶測から株価は上昇していると述べた。その月の初め、NRGエナジーは一二・二六ドルだったのだ。

有力投資家がNRGエナジーに変化を迫るなかで、CEOとしてデビッド・クレインの後を継いだマウリシオ・グテイレスは企業のあり方を見直していることを明らかにした。純粋な独立系電力会社としての日々は終わったと彼は述べた。そして、NRGエナジーはアクティビストたちが求める費用削減をすでに実行していた。

二月、NRGエナジーはエリオットとブルースケープとの合意に達したと発表した。同社は事業の見直しを行う委員会を立ち上げ、営業活動と費用削減活動の調査を行うとともに、新たな事業展開や既存事業からの撤退の検討を行うこととなった。ブルースケープのワイルダーとテキサス州公共事業委員会の元委員長が役員会に加わり、同社の非常勤会長ともう一人の取締役と交代した。取り決めの一部として、二つのアクティビスト投資家はしばらくの間ＮＲＧエナジーの持ち分を増大させないことに合意した。

一方で、対処を迫られていたジェノンの満期間近の債務については期限が迫っていた。ＮＲＧエナジーにはその債務を返済する義務はなかったが、それはＮＲＧエナジーの健全な財政状態の汚点だった。ＮＲＧエナジーは投資家の熱狂に水を差す必要などなかった。同じ時期に発表した第１四半期の業績が期待外れだったのだからなおさらである。アナリストの予測を継続して上回ってきたＮＲＧエナジーは、最も低い予想すら下回ることになった。

ブレイクスルーが起きたのは五月四日、ジェノンが債券発行の計画を発表したときだ。同社は手元資金だけでなく、翌月に満期を迎える債務の返済に十分な資金を調達すると述べた。目の前の破産の可能性は回避されることになる。そのニュースを受けてＮＲＧエナジー株は一一％上昇した。

その月の後半、ジェノンは破産申請を行い、資本構成を再構築することで、ＮＲＧエナジーと債権者たちと合意した。六月満期の債券の保有者たちは元本の九二％もの現金を受け取った。このニュースにＮＲＧエナジー株は上昇した。

ジェノンの債務という障害が取り除かれる一方で、ＮＲＧエナジーの事業審査委員会は同社の再生可能エネルギー事業の売却を提案する意向だと伝えられた。買い手候補は非公式ながら一切合切の買収に関心を示していた。気候問題に関心の強い複数の年金基金や保険会社が買い手候補として待ち構えていた。

七月一二日、委員会は人員整理と資産売却を含めた一一億ドルの費用削減計画を発表した。資産売却で手にする資金を用いてＮＲＧエナジーは債務を返済し、可能であれば特別配当を支払う計画を立てた。反応したＮＲＧエナジー株は一日に二九％上昇し、年初来で七二％の上昇となった。アクティビズムの結果に満足したエリオットは保有するＮＲＧエナジー株の三分の一を利食いに充てた。

実際にＮＲＧエナジーはその年の末までに発行済みの二種類の債券を償還した。バランスシートがさらに改善したことを認めたムーディーズは同社の格付け見通しをステーブルからポジティブに引き上げた。ＮＲＧエナジーは第３四半期の決算発表に併せて、三％の増配を発表した。

まとめると、二〇一七年にＮＲＧエナジーの株価が二倍以上になったのは、投資家が突然状況を認識した結果ではなかった。アナリストたちは一年以上前から同社が大きな可能性を秘めていることを認識していた。だが、その可能性を現実のものとするには、二つの大手アクティビスト投資家が、投資コミュニティーが望む以上に新たな針路を示すよう経営陣を説得する必要があった。子会社が抱える債務危機の解決ももう一つ不可欠な要素だった。

ＮＲＧエナジーの方向転換は、異なる種類のアクティビストたちを喜ばせようとしたものではなかった。クリーンエネルギーを支持する者たちは、方針転換ではなく、同社がその事業をさらに推し進めることを好んだだろう。グリーン陣営の観点からすれば、審査委員会の計画が再生可能エネルギー事業の閉鎖ではなく、売却を求めたことは幸運だった。その事業を引き継ぎたいと考える候補企業は尽きることがなかった。ＮＲＧエナジーのストーリーから得られる教訓とは、企業は業績が向上しない原因を探している最中だと市場を納得させるよりも、市場が求めるものを提供することのほうがナンバーワン銘柄となれる可能性が高いということだ。

二〇一八年――アドバンスト・マイクロ・デバイセズ　八〇%

アドバンスト・マイクロ・デバイセズ（ＡＭＤ）などの半導体メーカーの業績が一定の期間に振るったり、振るわなかったりする理由を見つけだそうとすると、すぐに怖気づくような大量の専門用語に出くわす。さまざまな種類のチップがさまざまな用途に供されている。この分野は急速に進歩しているので、二〇一八年に発表された記事では二〇一四年に導入された古代の技術をあざ笑っていた。どの企業の現行のチップが最もお買い得かということについてこの業界の研究に人生を賭けている専門家たちが完全な意見の一致を見ることはないだろう。さらに重要なことに、開発途中の次世代チップのうちどれが将来支配的な地位を得るかについて意見が一致することもない。半導体事業を理解するためには、電子工学の学位を修得しなければならない（まだ修得していないならば）と結論する前に、気を取り直してほしい。アドバンスト・マイクロ・デバイセズが二〇一七年にＳＯＸ指数（フィラデルフィア半導体株指数）でビリになりながらも――その年唯一下落した銘柄となった――、まさにその翌年には半導体メーカーだけでなく、Ｓ＆Ｐ五〇〇全体でもトップとなった理由はそれほど難解ではない技術的な要素で説明できる。要約すれば、その理由はアドバンスト・マイクロ、インテル、そしてエヌビディアの間での熾烈な競争にあった。バークレイズ・キャピタルのアナリストであるブレイン・カーティスが述べているように、「これら半導体メーカーへの投資は彼らの技術が競争相手よりも優れていると思えるかどうかにかかっている」。

確かに、アドバンスト・マイクロ・デバイセズの株価に影響を与えた要因はほかにもあった。プラスの要因の一つは同社の財政状態が強化されたことだ。二〇一七年から二〇一八年にかけて半導体銘柄さらにはハイテクセクターの人気が高まったり、下がったりするなかでアドバンスト・マイクロ・デバイセズは揉み合っていた。また、暗号通貨の浮き沈みも一因となっていた。暗号通貨のマイナーは半導体の主要な顧客となっていたのだ。

政治的な背景も重要な要素だった。トランプ政権は中国との貿易に制限を課すことを検討していたが、アメリカの半導体メーカーが販売するチップの多くが中国で生産されていた。このような業界全体にまたがる強力な要素にもかかわらず、アドバンスト・マイクロの二〇一八年までの見通しは同社独自の要素に大きく依存していた。

同社は移行期にあった。かつて同社は主にパソコン向けの汎用チップの製造で知られていた。いまやアドバンスト・マイクロはより高性能で利益率の高いチップに乗り出していた。つまり、データセンターや自動運転車に移行しつつある自動車市場が用いるディープラーニング向けのGPU（グラフィックス・プロセッシング・ユニット）市場といった分野である。

この方向転換には大きな可能性があるように思われた。カナコード・ジェニュイティーのアナリストであるマシュー・ラムゼーは、この変化によってアドバンスト・マイクロは既存の製品ラインで生み出してきた売上高利益率を二倍にできるだろうと予想した。だが、アドバンスト・マイクロ・デバイセズの二〇一七年のパフォーマンスから判断すると、市場はその可能性が実現するとの確信を持っていなかった。同社のリターンはS&P五〇〇が二二％だったのに対し、マイナス九％だったのだ。

二〇一八年が始まるまでに、大きなリバウンドに向けたいくつかの重要な要素はすでに出そろっていた。その一つとして、二〇一七年中にムーディーズとスタンダード・アンド・プアーズが格付けを引き上げたことで、アドバンスト・マイクロの信用状況は改善していることが証明された。また、同社にはサーバー向けの市場でシェアを獲得する大きなチャンスがあった。アルファベット（グーグル）やアマゾンやマイクロソフトといったクラウドサービス大手は、市場を圧倒的に支配していたインテルに代わる先を求めていたのだ。

さらに、暗号通貨のマイニングに用いられるアドバンスト・マイクロのグラフィックス・カードは暗号通貨の価格が上昇し、マイニングの収益がさらに高まることで追い風を受けた。同社のグラフィックス製品はアマゾン・ウェブ・サービスで大きなデザインウィンを獲得した。アドバンスト・マイクロは、テスラがエヌビディアへの依存度を下げる判断をしたことで、成長著しい人工知能の分野でも得点を稼いだ。そして何よりも、ジェフリーズのアナリストであるマーク・リパシスが詳細に説明したとおり、半導体メーカーの買収に際して支払われた直近のマルチプルに基づけば、アドバンスト・マイクロ・デバイセズは割安に見えたのだ。

このように大幅に上昇する気配がありながらも、二〇一七年は一連の逆風によってアドバンスト・マイクロ・デバイセズの株価は暴落した。一月にはアドバンスト・マイクロの主要市場であるパソコンの出荷に関して芳しくないリポートが発表された。三月、業界誌が評論でビデオゲームに用いられるアドバンスト・マイクロの新しいチップの性能を批判した。四月、アドバンスト・マイクロ・デバイセズのカバレッジを始めたゴールドマンサックスは売り推奨を行い、インテルやエヌビディアが価格を切り下げたことが、技術的な進歩を通じて市場シェアを獲得しようとするアドバンスト・マイクロ・デバイセズのこれまでの取り組みを阻んだと述べた。暗号通貨の熱狂については、暗号通貨がすぐにも暴落する可能性があったので、この市場向けの売上げは本質的に安定しなかった。ＪＰモルガン・チェースのＣＥＯであるジェイミー・ダイモンは、暗号通貨を詐欺だと非難して大きな注目を集めたことで、この点では役に立たなかった。最後に、アナリストたちはアドバンスト・マイクロがテスラとの取引で財政的な利益を得るのは遠く先のことであると指摘した。

そのため、二〇一七年、アドバンスト・マイクロ・デバイセズの株主が落胆する理由はたくさんあった。だが、いずれにせよ株価がアンダーパフォームしたことで、同社を信じる者たちにとってはより魅力的となった。年末、バンク・オブ・アメリカ・メリルリンチは二〇一八年第1四半期の最良の投資アイデア一〇件の一つにアドバンスト・マイクロ・デバイセズを挙げた。そして、年が明けると、同社の運気は急速に好転した。

一月三日、インテルのチップには欠陥があり、それを採用している一般向けのオペレーティングシステムはハッカー攻撃に脆弱だと主張するリポートに反応して、アドバンスト・マイクロ・デバイセズは上昇した。アップルやマイクロソフトのシステムに必要となるパッチは機械の作動を遅くする可能性があった。その月の後半、バロンズ誌は、実際には自社のチップに欠陥はなく、設計どおり稼働するとしたインテルの声明を支持した。正常に稼働するチップでさえ、ハッカーの攻撃には弱い可能性があると同社は指摘した。それでも、一月はS&P五〇〇が「たった六%」の上昇だったのに対し、アドバンスト・マイクロ・デバイセズは三四%上昇した。

年が進むにつれ、アドバンスト・マイクロ・デバイセズは買収観測や、二〇一八年やほかのどの年であっても普通でない強気の仮説によって上昇した。本項ですでに登場した、ジェフリーズのマーク・リパシスは、スティーブン・スピルバーグ監督の映画レディ・プレーヤー1の公開が遅れていることを取り上げた。映画内のすべての登場人物はバーチャルリアリティーの世界に住んでいるか、その世界に逃避していた。映画が大当たりすれば、バーチャルリアリティーのヘッドセットに対する需要をかき立て得るとリパシスは理論づけた。それらの機器は、アドバンスト・マイクロやエヌビディアが製造している高性能のGPUを必要とした。もっと日常的なレベルでは、ムーディーズとスタンダード・アンド・プアーズが格付けをさらに引き上げたことで、アドバンスト・マイクロの信用状況が改善しているとの認識が広がった。

六月、アドバンスト・マイクロ・デバイセズはライバルのインテルのさらなる不運を受けて上昇した。インテルはより高性能のチップの量産を二〇一九年まで延期したのだ。これによって、アドバンスト・マイクロは高性能パソコンやデータセンターの市場で優位に立った。同時に、アドバンスト・マイクロは低価格帯のグラフィックス・プロセッシング・ユニットやセントラル・プロセッシング・ユニットで市場シェアを獲得し得る立場にあった。パソコンメーカーは高い部品コストから解放されたいと考えていたが、関連するアドバンスト・マイクロのチップは、性能こそ劣ったとしてもインテルやエヌビディアのチップよりも安価だったのだ。

アドバンスト・マイクロは見通しが明るかったばかりでなく、直近の業績も好調だった。第2四半期の利益は過去七年で最も大きく、アドバンスト・マイクロ・デバイセズの弱気筋に圧力をかけた。ザ・ストリートはアドバンスト・マイクロ・デバイセズを「地球上で最も注目を集める銘柄の一つ」とした。八月にはインテルでさらなる問題が起きたことで、株価は三七％上昇した。九月四日、アナリストのリパシスは、アドバンスト・マイクロ・デバイセズは史上初めて「インテルよりもトランジスター密度の高いサーバー・マイクロプロセッサー・ユニットを出荷」させる可能性があると宣言した。一〇日後、アドバンスト・マイクロ・デバイセズは二〇一八年の高値を付け、その年二一八％の上昇となった。

その時点までの値上がりで、アドバンスト・マイクロ・デバイセズは二〇一八年全体でS&P五〇〇のナンバーワン銘柄となったが、その後年末までに四〇%値下がりした。値下がりにはいくつかの原因があった。暗号通貨の価格が急落したことで、マイニングに用いられるグラフィックス・プロセッシング・ユニットの収益性も低下した。インテルは需要を満たす障害となっていた製造面の問題を克服したと伝えられた。そして何よりも、ハイテクセクターがひどく低迷し、S&P五〇〇のインフォメーション・テクノロジー指数は第4四半期に一八%下落した。

だが、いつものとおり、アドバンスト・マイクロ・デバイセズは多くの者たちの希望の光だった。アナリストのなかには、アドバンスト・マイクロ・デバイセズが次世代チップを発売することで再び市場をあっと言わせるチャンスをつかむ前に、押し目買いするよう投資家に勧める者もいた。コーウェンのアナリストであるマシュー・ラムゼーはアドバンスト・マイクロ・デバイセズを二〇一九年の最高の投資アイデアだとした。二〇一八年に八〇%上昇したあとでさえ、アドバンスト・マイクロ・デバイセズの信者たちは夢中になっていたのである。

二〇一九年――アドバンスト・マイクロ・デバイセズ　一四八％

はい、そのとおり。アドバンスト・マイクロ・デバイセズ（ＡＭＤ）は二〇一八年と二〇一九年にＳ＆Ｐ五〇〇のナンバーワン銘柄となった。二〇二〇年も悪くはなかった。最終的におよそ二倍（プラス九九・九八％）となったが第七位だった。この半導体メーカーで何か特別なことが起きていたことは明らかだ。そして、それは成熟した企業には望むべくもない、華々しい成長を生み出す若い企業による離陸でもなかった。アドバンスト・マイクロは二〇一九年に五〇周年を祝っている。

二〇一八年にアドバンスト・マイクロ・デバイセズを推し進め、苦しめもした同じ力の多くが二〇一九年の株価にも働いていた。セクターのパフォーマンスは一貫して好ましいものだった。ＳＯＸ指数は四半期ごとに上昇し、最終的に一年で三三％上昇した。二〇一九年のアドバンスト・マイクロ・デバイセズに関する実況解説で、目立たないながらも不安定だったのが暗号通貨の価格だった。ビットコインは第１四半期に三倍になったが、その後大きく下落し、その年は差し引きで七五％上昇となった。

だが、二〇一九年のアドバンスト・マイクロ・デバイセズのセンセーショナルな上昇の最も重要な要因は新製品の成功だった。ザ・ストリートのスコット・バン・ボールヒスはサーバー市場における同社の成長気運、CPU（中央処理装置）の技術的な優位性、GPUの競争力の高まりを取り上げた。ジェフリーズのマーク・リパシスは、業界筋によるとアドバンスト・マイクロはパソコンとデータセンターの市場で大きなシェアを獲得する可能性があると伝えた。

五月、コーウェンがアドバンスト・マイクロ・デバイセズの最新のデスクトップとサーバー向けのCPUは台湾の台北で開かれた展示会で「人気をさらった」と述べると、アドバンスト・マイクロ・デバイセズは年初来でS&P五〇〇のすべての銘柄のトップに立った。スタンダード・アンド・プアーズは格付けをさらに引き上げることでアドバンスト・マイクロの信用状況が改善していることを再確認した。格付け会社は同社の強力な製品パイプラインはCPU市場でのさらなるシェア獲得を促進し、財務レバレッジをさらに引き下げることを可能にすると述べた。

三月中旬、アドバンスト・マイクロ・デバイセズはグーグルのストリーミング・ビデオゲーム・サービスで大きなデザインウィンを獲得したとの報を受けて上昇した。そのリポートはまったく新しい情報を市場にもたらしたわけではなかったので、アナリストたちは一日に一二％上昇したことに困惑した。アドバンスト・マイクロのCEOであるリサ・スーは一月の展示会で同社のGPUはグーグルの新しいゲームプロジェクトに組み込まれるだろうと述べていたのだ。彼女は数週間後に行われた決算説明会でも同じ点を指摘していた。

おそらくこれは投資家が流行に飛び乗った例だったのだろう。グーグルの「ニュース」がもたらされるまでに、アドバンスト・マイクロ・デバイセズは二〇一八年末の水準から二六％上昇していた。これは同じ期間のS&P五〇〇の一三％の二倍である。そのような環境では、良いニュースと思えることであれば何であれ買う理由となった。その情報が本当にそれまでに知られていなかった何かしらの意味を持つかどうかを時間をかけて調査する投資家はさらなる上昇を見逃す危険があった。

ところで、投資家はアドバンスト・マイクロが事業の成功を加速させるうえでCEOのスーは欠かせない要素だと考えていた。ブルームバーグのピム・フォックスは女性CEOがいる企業の株式は男性CEOがいる企業の株式を二〇・七％対八・五％とアウトパフォームしていたと自らの調査結果を修正せざるを得なかった。彼が測定した期間に一七五％上昇したスー率いるアドバンスト・マイクロ・デバイセズは統計を歪めていた。八月初旬、技術ブログのＷｃｃｆｔｅｃｈが、スーがＩＢＭのナンバーツーのポストに移ることを検討していると主張したことを受けてアドバンスト・マイクロ・デバイセズは下落した。彼女が「事実無根」と述べると、株価は反発した。

アドバンスト・マイクロの事業は引き続き大きな成功を収めた。同社がサムスンと複数年にわたる戦略パートナーシップを締結するとアドバンスト・マイクロ・デバイセズは上昇した。その契約のもと、巨大エレクトロニクス企業はライセンス料とロイヤリティーを支払って、アドバンスト・マイクロのグラフィックス技術を用いて超低電力で高性能のモバイル・グラフィックスＩＰを開発することになった。アドバンスト・マイクロがマイクロソフトの新しいビデオゲーム・コンソール用チップの主要サプライヤーになるとのニュースを受けてアドバンスト・マイクロ・デバイセズは再び上昇した。アドバンスト・マイクロはまたブロックチェーン技術の大手二社とのパートナーシップを発表した。

サスケハナ・ファイナンシャル・グループのアナリストであるクリストファー・ローランドは、同社が小売業者を対象に行った二〇〇〇件を超えるデスクトップパソコンの構成に関する調査に基づけば、第３四半期時点のアドバンスト・マイクロのデスクトップ市場のシェアは二〇％だと発表した。これは第２四半期の一九％、二〇一八年の一七％から増大していた。ジェフリーズのマーク・リパシスは、アドバンスト・マイクロは前四半期に比べインテルが二八％だったのに対し、サーバーの市場シェアを五〇％増大させたことで証明されたように、同社はシェアを獲得するという約束を果たしていると興奮気味に述べていた。二〇一八年と同様に、アドバンスト・マイクロはインテルの失敗から利益を得た。ウェルズ・ファーゴは、業界筋やウェブサイトのセミアキュレートのリポートに基づけば、インテルの一〇ナノメーター・レイク・ゼオン・スケーラブル・プロセッサーの生産がさらに遅れる可能性があると述べた。

ナノメーターは一メートルの一〇億分の一である。それがどれほど小さいかをイメージしてもらうために記せば、一枚の紙の厚さが一〇万ナノメーターだ。指の爪が一秒間に伸びる単位がナノメーターだ。ナノメーターは半導体界隈では有名な単位だが、それは伝統的により小さなナノメーターのチップを生産できれば、結果的により早く、エネルギー効率の高いチップができるからである。サスケハナのアナリストであるローランドによれば、アドバンスト・マイクロ・デバイセズは七ナノメーターのチップを導入したことで、主に一四ナノメーターのチップを生産するインテルから市場シェアを奪っていた。

アドバンスト・マイクロ・デバイセズが最終的に二〇一九年のS＆P五〇〇のナンバー

ワン銘柄になる一助となった最後の展開はアメリカと中国の貿易関係が関係するが、これは二〇一八年に半導体銘柄の足かせとなっていた。この要素は二〇一九年のほとんどにおいてマイナスに作用していた。米商務省の産業安全保障局が、アドバンスト・マイクロのジョイントベンチャーのパートナー企業を、アメリカの安全保障や外交政策に反する行為を行っているとみなされた企業のブラックリストに挙げた六月後半、アドバンスト・マイクロ・デバイセズは下落した。ウェドブッシュのアナリストであるダニエル・アイビスはアメリカと中国の通商面での高まる緊張を「ハイテク分野を覆う黒い雲」と呼んだ。だが、一二月になるとドナルド・トランプ大統領はアメリカと中国のフェーズ1貿易協定の合意は「間近だ」とツイートした。このニュースにアドバンスト・マイクロ・デバイセズは、マイクロン・テクノロジーと台湾セミコンダクターの株式とともに上昇した。

二〇二〇年——テスラ　七四三％

テスラ（TSLA）は、本章で詳細に研究するその年ナンバーワンとなったS&P五〇〇の五つの銘柄のうちでもナンバーワンの地位を占めている。二〇二〇年、同社の株価は驚くべきことに七四三％も上昇した。テスラの場合、このＥＶ（電気自動車）会社は一度も配当を支払っていないので、株価の上昇率とトータルリターンが一致していたことに注意してほしい。

テスラの上昇率を大局的にとらえると、Ｓ＆Ｐ五〇〇指数が七四五％上昇するには二六年超かかったが、これは一九九五年九月一日の五六三・八四から二〇二一年末の四七六六・一八までという計算だ。テスラはおおよそ同等の上昇をたった一二カ月で達成した。これは単に平均を上回ったのではない。平均を叩きのめしたのだ。

私は、欧州経営大学院（ＩＮＳＥＡＤ）でイノベーションとテクノロジーを担当する教授と個人的な関係があったおかげで、少しばかり早かったのだが、この驚くべき上昇に乗っていた。ミカエル・ビカードの研究は株式の推奨を行うものではない。だが、彼は私に、テスラは彼の分野の研究者たちが絶対に成功する企業の特徴としたすべての要素を満たしているほとんど唯一の存在だと述べた。二〇一八年時点で、テスラが競争の厳しい市場で勝てると期待する根拠は次の点からなる。

1．テスラの自動車のアーキテクチャーは先行するいかなる自動車とも違っている。既存企業が新しいアーキテクチャーを再現するのは極めて難しい。
2. 顧客の視点からすれば、テスラのテクノロジーは先行するいかなる自動車よりも明らかに優れている。
3. 事業規模を拡張させるうえでの障害は避けられない。だが、それも株式を買うより良い機会を生み出すかもしれない。
4. 自動運転車は遅かれ早かれ登場する。それらにとって最も重要な競争優位の源泉はテクノロジーではなくデータだ。
5. 最も多くのデータを持っているのはだれか。テスラだ。圧倒的な差がある。そのため、テスラは自動運転車の業界を支配するはずだ。

二〇一八年一二月に私がテスラ株を買った時点で、これらすべての特徴が当てはまっていた。ビカード教授が論文で取り上げた時間軸は五年だった。そのため、私は株式を保有し続けたが、二〇二〇年のセンセーショナルな上昇で立派に報われた。

だが、そうなる以前、テスラは二〇一九年にはS&P五〇〇の三一%のリターンを下回り、「たった二六%」しか上昇しなかった。テスラはS&P五〇〇の構成銘柄ですらなかった。実際に、同社が構成銘柄となったのは二〇二〇年後半で、指数のベストパフォーマーのタイトルを獲るためにぎりぎりで間に合ったのだ。

テスラは奇跡の年を迎えるまで多くの重荷を背負っていた。二〇一九年の最初の2四半期の損失は、ＣＥＯのイーロン・マスクが同社の黒字化は持続すると請け負ったあとの出来事だった。

二〇一九年一一月二一日、マスクはテスラの最新製品を公表することで市場を驚かせようとした。彼が「サイバートラック」と呼んだピックアップトラックだ。マスクは、この車の高強度の鋼は大きなハンマーで叩いてもへこむことはないと述べた。彼はさらにこの車には強力な装甲ガラスが用いられていると付け加えた。

残念ながら、ステージ上でのデモンストレーションはうまくいかなかった。金属のボールを二つ投げつけたら、トラックのサイドウインドウは著しく損傷してしまった。「なんてこった。ちょっと強すぎたかな」とマスクは叫んだ。幸運なことに、この失敗がサイバートラックに対する顧客たちの熱を冷ますことにはならなかった。数週間後、テスラは二五万台のプレオーダーを獲得したとマスクはツイートした（ポストした）。

いくつかの小さな問題がありながらも、テスラは起業家精神研究の専門家たちが見いだした大きな成功を収めるためのすべての要件を満たしていた。それでもまだ二〇一九年にはトップに上り詰めなかった。二〇二〇年初めまでにあるべき場所に収まったもう一つのピースは何だったのだろうか。

二〇一九年の第3四半期にテスラが黒字を発表したことで市場を驚かせた時点で、前向きなストーリーが実を結び始めた。アナリストたちは三期連続で赤字を予想していた。二〇一九年の第3四半期、フラッグシップであるモデル3セダンの平均販売価格が下落したにもかかわらず、同社は黒字に転換した。テスラは業績の回復は業務効率が根本的に改善したことが理由だとした。

テスラの収益は第4四半期も好転を続けた。そのため、二〇二〇年一月三〇日に同社がアナリストの調整後の利益予想を上回ったことを発表したとき、同社株式は三取引日で五三%上昇した。半狂乱となった空売りの買い戻しも急騰に寄与した。その時点で、テスラはアメリカの上場株で最も空売りされていたのである。

将来のナンバーワン銘柄を見つけるという目的にとっては、S&P五〇〇のすべての銘柄のうち、テスラを一〇年間で最高の地位に引き上げた特徴を割り出すことは役に立つ。その取り組みを支援すべく、以下に見出しとしたテーマにしたがって同社のストーリーをまとめた。

テーマのなかには読者が調査するすべての銘柄に当てはまるものもある。テスラ独特のものもある。それらの特徴は将来の勝者の探索には適用できないが、テスラがどのようにして二〇二〇年のナンバーワン銘柄となったかというストーリーをまとめることにはなる。

企業のファンダメンタルズ

二〇二〇年一月の第一週、テスラは中国製のモデル3の出荷を始めたことで大きく前進した。パイパー・サンドラーは、このモデルがアメリカで達成した市場シェアの獲得を中国でも再現できる可能性があるとして、テスラを肯定的にとらえた。オッペンハイマーのコーリン・ラッシュは、テスラの製品には三年分の競争優位があると予想した。

だが、テスラの競合他社も黙っていなかった。GM（ゼネラルモーターズ）はEVの投入を計画していたが、その最上級モデルはテスラのいかなるモデルをも上回るものになるとされた。GMがニコラの一一％の株式を取得する見返りに、ニコラの水素燃料電池による電動ピックアップトラックを生産する契約を締結したことで事態はさらにヒートアップした。

テスラが二〇一九年第4四半期の業績を発表したときに最も注目を集めたのが、同社が二〇一九年全体の出荷目標を達成したことだった。四半期の生産台数は過去最大だった。パナソニックがバッテリー生産を行うテスラとのジョイントベンチャーが初めて四半期で黒字になったと発表した二月上旬、テスラの株価は急騰した。

第2四半期、テスラはコロナパンデミックでアメリカ唯一の工場を閉鎖せざるを得なかったにもかかわらず、再び出荷目標を達成した。七月、ビジネス・インサイダーは、同社は過去の製造上の問題を脱したと宣言した（以下に記すとおり、それらの難題がこれまでテスラの株価の障害となっていた）。

テスラがセプテンバー・バッテリー・デー・イベントの予定を発表すると、期待はさらに高まった。UBSのアナリストであるパトリック・ヒュンメルは株価目標を二倍にした。彼は、テスラの新しい電池の技術は何年にもわたるコストと技術の優位性を強固なものにするだろうと述べた。ヒュンメルは、最新の技術革新によってエネルギー密度は五〇％上昇し、向こう三年間で一台当たりの電池の費用を二三〇〇ドル引き下げるだろうと予測した。

バッテリー・デーでCEOのマスクは、テスラの新技術によってバッテリーのコストは半減し、走行可能距離は一六％伸びるだろうと主張した。だが、結局のところバッテリー・デーは、それまでに高まっていた期待を満たすものではないと考えられてしまった。テスラは売り込まれた。

アナリストの行動

コメディアンのサシャ・バロン・コーエンが描いた愚か者のインタビューアー、アリ・Gは、ブレント・スコウクロフト元国家安全保障担当補佐官にカナダへの核攻撃を検討したことがあるかと尋ねた。当然ながら、スコウクロフトはその考えをバカげていると退けた。だが、アリ・Gが夢中になるこの話の最も面白い部分はその意外性だ。

コーエンのキャラクターが生み出す悪意あるユーモアは、自分たちを愚かに見せようとするトリックスターに騙されていることに気づかないインタビューを受けている者たちによって決まる。アリ・Gのジョークにも多く見られるように、意外性は株価に爆発的な影響をもたらし得るが、それは大きな意見の隔たりがあるかどうかにかかっている。すべての者たちがある企業には優れた経営陣がおり、間違いなく成功する製品があり、見事に考えられたビジネスプランに基づいて執行する証明済みの能力があるということですでに意見が一致していたら、経営陣が新たな成功を手にしても株価に上昇余地はそれほど残っていない。

このように考えると、二〇二〇年が始まった時点でテスラには大きな余地があった。アナリストたちはいつものように一様に応援していたわけではなかった。実際に、その年の初めにブルームバーグ・ニュースは、売り（一五件）推奨は買い（一一件）よりも多く、ホールドは一〇件だと伝えた。

テスラに慎重になる理由はたくさんあった。同社の自動運転システムが関連した死亡事故が三件発生したことで、規制当局はテスラが運転手たちに道路に注意を向け続けることを確実にするために十分なことをしているのかどうかと疑問を抱くようになった。テスラのEVはアメリカのゼロエミッション車市場の五〇%を獲得していたが、長期的には水素自動車が競争上の脅威となる可能性があった。テスラがほかの自動車メーカーとは異なる原材料からなる密度の高いバッテリーを用いていることがリスクだと考える専門家もいた。そして、何年もの間、テスラは生産面での障害を抱えていたが、これはイーロン・マスクの関心が生産面よりも技術的なブレイクスルーにあるからだと考えられていた。

グリーンライト・キャピタルのデビッド・アインホルンはテスラの会計の正当性に疑問を持ち、自動車の代金を前金で受け取っている企業でどうして売掛金がこれほど大きいのかと問うた。会計や監査をテーマにしたニュースレターであるザ・ディグでフランシーン・マッケナは次のように記した。「テスラ社外の専門家で、同社がもうじき無人自動車を導入すると信じている者はいない」。業績に関しては、ＪＭＰセキュリティーズは、テスラが発表した二〇一九年第４四半期の売上総利益にいくばくかの懸念を表明した。テスラが二〇二〇年の第１四半期にどうにか利益を計上できたのは温室効果ガスの排出権をほかの自動車メーカーに売却したからだという意見もあった。

一二月から一月にかけて株価が急騰したこともさらなる懸念を呼んだ。ロバート・Ｗ・ベアードのアナリストであるベン・カロは、テスラの時価総額はいまやフォードとＧＭを足したものよりも大きいと指摘した。彼はバリュエーションの観点から推奨内容をアウトパフォームからニュートラルに引き下げ、投資家に利食いするよう忠告した。ＣＦＲＡはさらに踏み込んでテスラを売りに格下げした。

ブルームバーグ・ニュースの記事でイエ・シエは、その時点でテスラがＳ＆Ｐ五〇〇の構成銘柄だとしたら、テクニカル指標のＲＳＩ（相対力指数）で見れば、五〇〇銘柄で最も割高な一〇銘柄に入ると述べた。フィナンシャル・タイムズは見出しに「テスラは狂っている。もうすぐ暴落するだろう」と打った。テンプルトン・エマージング・マーケッツ・グループの元会長であるマーク・モビアスはテスラ株を「紙切れ」と呼び、高騰は「単なる投機」だとした。彼はテスラのバリュエーションはもはや「現実離れしている」と述べた。

シティグループのストラテジストたちは、テスラはハイテク銘柄の上昇に誘発された「奇妙なバリュエーションのクロスオーバー」に属するとした。コーエンのアナリストであるジェフリー・オズボーンはテスラのバリュエーションは「火星にある」と述べたが、彼はアンダーパフォームの推奨を維持しながら、株価目標を四％引き上げた。テスラが第２四半期の出荷目標を達成すると、ＲＢＣキャピタル・マーケッツのアナリストであるジョー・スペックは、市場はこれまでの予想を上回る出荷台数が意味する売上高の増大に対して四七・五倍という天文学的な倍率を適用しているとした。

年末になると、ＪＰモルガンのライアン・ブリンクマンは劇的なまでの過大評価の証左として驚くべき統計を提示した。その時点で、テスラは直近一二カ月のＥＰＳ（一株当たり利益）の一三二五倍、二〇二〇年のコンセンサス予想の二九一倍、そして向こう一二カ月の予想の一七五倍となっていた。もちろん、代替的な指標に通じた投資家たちは、これら奇妙な数字はEPSは重要ではないとするジョエル・スターンの金言を証明するものだと解釈したかもしれない。

一月後半までにテスラの売り推奨は一七対九と買い推奨を上回っていた。市場は気にもしなかった。テスラは上昇を続けた。

テスラにより好意的なアナリストたちは株価目標を引き上げることで市場の動きに追随した。一月に行われた見直しを挙げると、パイパー・サンドラーが三一％の引き上げ、アーガス・リサーチが四〇％、ジェフリーズが五〇％、ドイツ銀行が五七％、オッペンハイマーが五九％、クレディスイスが七〇％、サンフォード・C・バーンスタインが一二五％といった具合である。モルガン・スタンレーはテスラをアンダーウエートに引き下げながらも、株価目標は四四％引き上げた。

カナコード・ジェニュイティーは一月二日に株価目標を三七％引き上げたが、テスラの上昇を予想した企業としてはニュー・ストリート・リサーチに次ぐ二番目だった。カナコード・ジェニュイティーの比較的楽観的な株価目標の見直しは、同社がテスラの株価が二〇二〇年に二三％も上昇すると予想していることを意味するとビジネス・インサイダーは述べた。だが、その年の実際の株価変動はプラス七四三％だった。

これは、カナコード・ジェニュイティーが株価目標を見直すに至った誠実かつ確かな分析からは何も得るものがないことを意味する。S＆P五〇〇が一六％上昇した年に株価が二三％上昇したとすれば、それは素晴らしい結果だっただろう。そのような結果になればカナコード・ジェニュイティーの調査は敬意を表されてしかるべきだっただろう。

だが、二〇二〇年のナンバーワン銘柄を見いだそうとする者は株価目標が現在の水準から「たった二三％」高いからといってテスラを追いかけたりしなかっただろう。結局のところ、過去三年のナンバーワン銘柄の株価変動はプラス八〇％から一四八％の範囲にあった（これらの数字は、企業が配当を支払っていなかったとすればトータルリターンと等しかったことに注意してほしい）。ここでの教訓は、株式調査は企業の事業や見通しについて価値ある洞察をもたらすが、アナリストの株価目標を綿密に調べることが指数の次なるナンバーワン銘柄を見いだすための信頼に足る方法ではないということだ。

テスラのケースでは、上述のフォードとGMとの時価総額の比較が多くのアナリストだけでなく、たくさんの投資家の意欲を削ぐことになった。つまるところ、これら業界の大手企業はテスラの何倍もの台数の自動車を販売していた。最大の自動車メーカーは二流の企業よりも本質的に大きな価値がなかったのだろうか。

だが、そのような考えはシドニー・モーニング・ヘラルドのエリザベス・ナイトによれば的外れだった。彼女は、自動車業界は急激な変化のさなかにあると主張した。同様に、モルガン・スタンレーのアナリストであるアダム・ジョナスは、テスラの大幅な価格上昇は、内燃機関（internal combustion engine）の頭文字からとったICE時代の終焉を早めている力に関係していると主張した。テスラの株主であるガーバー・カワサキ・ウエルス・アンド・インベストメント・マネジメントのロス・ガーバーは、テスラを自動車メーカーとして評価すべきではない、むしろハイテク企業として評価すべきだと主張した。

二〇二〇年二月、サンダイアル・キャピタル・リサーチは、過去八カ月にわたるテスラの三九六％の上昇も、高値を付けた二〇二〇年一月上旬までの同等の期間におけるクアルコムの「本当に狂った」五五七％の上昇にはかなわないといううれしい事実を取り上げた。CNBCのジム・クレイマーはテスラが株式なのかどうかさえ分からないと述べた。彼にとっては「自然界で見つかった新種のように、まったく別の何か」に思えたようだ。

その年の下半期、テスラは出力を上げ、一対五の株式分割を行い、さらに五〇億ドル相当の新株の発行が計画された。当然ながら、株価が上昇したことでアナリストたちは株価目標をさらに引き上げることになった。例えば、ウェドブッシュ・セキュリティーズのダン・アイブスはニュートラルの推奨を維持しながらも株価目標を四四％引き上げた。ＲＢＣキャピタルのジョセフ・スパックはアンダーパフォームを維持し、テスラの品質とサービスは「平均以下」だとする一方で、株価目標を七一％引き上げた。彼らの上を行ったのがモルガン・スタンレーのアダム・ジョナスで、彼はイコールウエートからアンダーウエートに引き下げると同時に、株価目標を三〇％引き上げた。一方、ジェフリーズのフィリッペ・オショワは買いを維持する一方で、株価目標を二倍以上に引き上げた。彼は、テスラの「バリュエーションの熱狂」は妥当だと述べ、本当のバリュエーションの問題はライバルである大手自動車メーカーにあると主張した。

いまだテスラを取得していなかった投資家には幸運なことに、意見に著しい隔たりがあったことで、さらなるショートスクイーズが発生する可能性が残った。ＪＭＰセキュリティーズ会長のマーク・レーマンは株式がファンダメンタルズから切り離されたことは明らかだと述べた。アーガス・リサーチのビル・セレスキーは一二カ月の株価目標を引き上げた翌日にテスラが新高値を付けたことに驚きを隠さなかった。彼に言わせれば、株価はあまりに早く、あまりに高くなりすぎていた。テスラは「制御不能だ」と彼は主張した。サンフォード・C・バーンスタインのトニー・サッコナギはテスラをマーケットパフォームからアンダーパフォームに引き下げるにあたり、「想像を絶する」という表現を用いた。

ＥＰＳが株式のバリュエーションの鍵になるという考えに忠実なブルームバーグ・ニュースはテスラの場合は無関係だと宣言した。七月後半、調整後ＥＰＳに関するアナリスト予想の平均値は四カ月前から八分の三ほど低下したが、株価は同じ期間に四倍になった。さしあたり、ＥＰＳという疑わしい指標を重視するジャーナリストたちは正当性を証明されたようだった。テスラは、第３四半期のフリーキャッシュフロー（ＦＣＦ）は予想を下回ったが、ＥＰＳは予想を上回ったとの発表を受けて上昇した。市場の行動を解釈するのは難しいが、同社が出荷目標の達成を同時に公表したという事実からすれば、テスラのケースでは投資家は出荷台数と収益に注目しているのだろう。新しいＥＰＳのデータに対する一日の反応から、ジョエル・スターンの一九七四年の調査結果に反して、ＥＰＳが長期的にはバリュエーションを左右するとの結論に至るのは容易だ。つまり、バレンス・リサーチのベネット・スチュワートなどが開発した指標など聞いたことのない者たちにとっては容易なのである。

株価のボラティリティ

テスラは、びくともしない銘柄がナンバーワンになるのではないという原則を強力に実証した。同社の株価は二月半ばの高値から三月には過去一年の最安値まで六一％も急落した。株価が軟化したことで、アナリストたちは株価目標を切り下げた。ウェドブッシュ・セキュリティーズは四三％、カナコード・ジェニュイティーは四七％引き下げた。そのような変動にもかかわらず、テスラはそれでも二五％上昇して第１四半期を終えた。

第２四半期末までに、テスラの株価は三月中旬の安値から一九九％上昇した。テスラは第３四半期にはさらに九九％、第４四半期には六五％上昇した。これらの上昇は、九月初めの五取引日に三四％も下落したなかで発生している。

ボラティリティを定量化する一つの方法は当該期間の平均株価に対する割合として日々の価格変化の分布の標準偏差を算出することだ。Ｓ＆Ｐ五〇〇の二〇二〇年の標準偏差は一〇％だった。テスラは五八％にもなったが、これは市場全体よりもはるかに高いボラティリティということになる。

信用状況の改善

テスラの信用状況は二〇二〇年が明けるまでには改善が認められていたが、これは将来の株価のパフォーマンスにとっては明るい兆候だった。ブルームバーグ・インテリジェンスのジョエル・リビングストンが指摘したとおり、同社の流動性は二〇一九年中に改善していた。債券投資家もこの前向きな考えを共有していた。テスラの債券の利回りは二〇一九年末に向けて低下し、市場が信用リスクが低下したと認識していることを証明した。

二〇二〇年初頭、同社は二〇一九年の第4四半期末時点で六三億ドルの現金を保有していると発表したが、これは三カ月前の一〇億ドルから増大していた。二〇一九年の最後の3四半期はキャッシュフローもプラスだった。テスラの財務体質は、株式による二〇億ドルの資金調達計画が発表されたことでさらに強化された。同社は、これほど進んだ段階にある企業でも多額の新規資本を必要としているようだという批判を意にも介さず、その年さらに二回の株式発行を発表した（だが、債券投資家にとって企業の自己資本は増えれば増えるほど良い）。

二月上旬、S&Pグローバル・レイティングスのアナリストであるナシット・マドラニは年末までに格上げの可能性があると示唆した。ムーディーズはそれよりも早く行動を起こし、七月にテスラをB3からB2に格上げした。一〇月、スタンダード・アンド・プアーズも流動性と競争力が改善しているとしてB+からBB−に格上げした。一二月、スタンダード・アンド・プアーズはテスラをBBへともう一段階引き上げ、アウトルックをポジティブとした。

S&P五〇〇に採用される

テスラはS&P五〇〇に採用されるための一つの重要な要件を十分に満たしていたが、二〇二〇年の末まで指数に採用されなかった。最終的に採用されるまでに、テスラの時価総額は指数の上位一〇社に入る規模にまで達していた。大きな障害となったのは、テスラが4四半期連続でGAAPに基づく利益を出さなければならないという要件を一回も満たしていなかったことだ。

二〇二〇年が進むにつれ、テスラはやっとその要件を満たしそうだった。S&P五〇〇に採用されるという見通しも強気筋の根拠となった。インベスターズ・ビジネス・デイリーは、一〇月後半に指数に採用された一四銘柄の平均上昇率はS&P五〇〇のおよそ二倍だと報じた。テスラも享受することになるこのパフォーマンスの優位性は、対象指数との連動を維持するためにS&P五〇〇に新たに採用された銘柄を買う必要のあるインデックスファンドに一因があると一般に考えられていた。

二〇二〇年第2四半期、テスラはやっと4四半期連続で黒字となった。だが、S&P五〇〇への採用は定量的な規則だけが基準となるのではない。その後行われた定例の会議で、S&Pダウ・ジョーンズ・インデックスは残念ながらテスラを採用しないことに決めた。株価は一日では最大となる下落を示した。

一一月、テスラが一二月にS&P五〇〇に採用されることが明らかになると、株価は時間外取引で一三%上昇した。一二月二一日、テスラは過去最大の新規採用銘柄となり、二〇二〇年の指数のナンバーワン銘柄となる資格を得ることになった。また、テスラは、アメリカのブルーチップ企業のパフォーマンスを測るサブ指数であるS&P一〇〇でもオキシデンタル・ペトロリアムに代わって採用された。

マイルストーン

二〇二〇年、テスラは正式に史上最も価値のあるアメリカの自動車メーカーとなった。株価が空中浮遊を続けるなか、テスラは初めて時価総額でフォルクスワーゲンＡＧを上回り、世界の舞台で残るはトヨタだけとなった。その後、テスラは時価総額でボーイングも上回り、アメリカ最大の事業会社となった。

一方、イーロン・マスクはビル・ゲイツを抜いて、ジェフ・ベゾスに次ぐ世界第二位の金持ちとなった。その年の初め、マスクは三五位だったが、テスラの上昇が極めて大きかったことを示している。全体として見れば、マスクがモデル３で問題を抱えていた暗黒の時期にアップルに会社を売ろうとしたときにアップルのＣＥＯであるティム・クックが面会を断ったことは、マスクにとって幸運だったことが証明された。そのとき以来、テスラは当初の価格の一〇倍にまで上昇していた。最後になるが、二〇二〇年後半、インベスターズ・ビジネス・デイリーはテスラがミレニアルズに最も人気な銘柄としてアップルを上回ったと伝えた。

イーロン・マスクのユニークなリーダーシップスタイル

イーロン・マスクが初めてサタデー・ナイト・ライブに出演したのは二〇二一年だが、彼は二〇二〇年の時点で典型的な企業のCEOとは多くの点で異なっていた。同社が上海工場からの初出荷を祝ったときには、マスクはイベントでストリッパーのようなダンスを踊る自らの姿を映した一五秒の動画をツイートした（ポストした）。ビジネス・インサイダーは彼の動きを「ロボットのようだ」と評した。メーデーには、マスクがテスラの株価は高くなりすぎたと述べたことが一〇％下落の引き金となった。

ほかの企業のリーダーであれば、無敵とされたサイバートラックが傷ものになった二〇一九年の製品発表の失敗に恥ずかしい思いをしたかもしれない。だが、マスクはそれを笑い飛ばした。テスラは表には壊れたガラスの写真がプリントされ、背中にはサイバートラックのロゴが記された「防弾」Tシャツを四五ドルで売り始めたのだ。

マスクは、テスラのフラッグシップであるモデルSの値下げを発表したときに、彼独特のユーモアセンスを再び発揮した。新しい価格は六万九四二〇ドルだが、これはセックスの体位とマリファナ吸引の意味を組み合わせたものだ（カリフォルニアの若者たちのあるグループは儀式のように毎日午後四時二〇分にマリファナを吸っていたが、やがて四月二〇日はマリファナ休日となった）。アクセル・スプリンガーCEOのマティアス・ドフュナーによるインタビューで、どうして火星に埋葬してほしいと言ったのかと問われたマスクはこう答えている。「どこかに埋葬されるのであれば、地球で生まれて火星で死ねたらいいね。ただ衝突ではなくね」[1]

どのような話題についても遠慮なく自らの考えを述べるマスクは、アマゾンの解体を求めた。コロナの流行に対する政策対応を痛烈に批判した（彼は政府による隔離の命令を「ファシスト」だと評した）マスクは、アマゾンがコロナ関連の本の販売を拒否したことに激怒した。アマゾンが自動運転車のスタートアップ企業ズークスを買収したときには、マスクはアマゾン創業者のベゾスをコピーキャット（猿マネ）と呼び続けていた。

マスクは元アメリカ労働長官とひそかにツイッター（X）上でケンカをしていた。ロバート・ライシュは彼を「現代の泥棒男爵」と評した。労働組合化に強く反対していたマスクはライシュを「現代の間抜け」と呼んで応じた。電力が「二八輪トレーラーや貨物船、旅客機などの現実的な解決策になることはないだろう」との見解を述べたビル・ゲイツは後にもう一人の口論の相手となった。マスクは、ゲイツは何も分かっていないと応じた。

彼を好もうが嫌おうが、イーロン・マスクはその強烈な個性を通してテスラのブランドロイヤルティに貢献した。二〇二〇年後半、同社は新たな事業分野に乗り出し、テスラテキーラの限定版を売り出した。供給分は数時間のうちに売り切れ、eBayで売りに出された稲妻をかたどった空の瓶には七〇〇ドルを超える値が付いた（一つは一四二〇・六九ドルで売れたが、これはモデルSの値下げに関するマスクのジョークの再利用だ）。CEOをイーロン・マスクの型にはめることが、けっしてS&P五〇〇のナンバーワン銘柄になるという偉業を達成する前提条件ではない。だが、その排他的なクラブのメンバーたちはいずれにせよ、パフォーマンスの振るわない同業他社よりも目立つ傾向にある。

二〇二一年――デボン・エナジー　一九六％

一見すると、石油・ガスの開発・生産（E&P）を行うデボン・エナジー（DVN）の株価の上昇率が二〇二〇年のS&P五〇〇の四八一位から二〇二一年のナンバーワンに跳ね上がったのはそれほど不思議なことではない。二〇二〇年、WTI（ウエスト・テキサス・インターミディエイト）の原油価格はサウジアラビアが増産したことで二〇・五％下落した。OPEC（石油輸出国機構）のリーダーは、アメリカのシェールオイル業者を疲弊させることで競争が低下することを望んだ。二〇二一年になると、原油価格は八一％も急騰した。このような激しい変動を背景に、エネルギー株は、一年目はS&P五〇〇の最大の敗者となり、翌年には最大の勝者となった。一見したところ、原油価格の大幅な上昇を正しく予想さえすれば、デボン・エナジーが二〇二一年に圧勝することは分かったはずだ。だが、言うは易く行うは難し、である。

だが、コモディティ価格の上昇から利益を得たエネルギー企業で二〇二一年にS&P五〇〇のほかの四九九銘柄を上回ったものは多くなかった。デボン・エナジーには何か際立った特徴があったはずだ。実際にそうだったのだが、その特徴はわれわれが注目するその他のナンバーワン銘柄にも見られる特別な要素のように思える。

誤解なきように記せば、エネルギー価格が大幅に上昇しなくても素晴らしいリターンを生み出す開発・生産企業を当てにすべきではない。だが、それこそがボラティリティが極めて高い石油やガスの市場でよく見られることなのだ。二〇〇七年から二〇二一年の二〇％で、エネルギー株はS&P五〇〇の一一のセクターで最もパフォーマンスが良かった。そのため、ナンバーワン銘柄の候補を見いだすことはさておくにしても、石油やガスの価格の急騰から利益を得るうえで特に有利な立場にある銘柄の少なくとも一つをポートフォリオに加えておいて損はない。

二〇二〇年の寒々とした日々において開発・生産企業のなかでデボン・エナジーを際立たせた要素はいくつかある。第一に生産コストが低いという優位性があった。第二に、借り入れに大いに依存している業界にあってバランスシートが比較的健全だったことがデボン・エナジーを差別化した。デボン・エナジーは二〇二一年に石油価格が反転する以前に、これらの優位性を増幅させた。だが、チャンピオンとなった年に同社を競合他社から際立たせた真の要因は経営陣による経営戦略と財務戦略の変更なのだが、これは二〇二〇年後半の合併にあわせて始まっていた。

二〇二〇年の初め、デボン・エナジーのファンたちは、同社がより有望なシェールオイル事業に再投資するとともに、自社株買いの資金を賄うために生産量が少なく、回収期間が長い鉱区を売却したと指摘していた。この戦略変更は短期的なＲＯＥ（自己資本利益率）の改善を求めるエネルギー投資家の要求が高まったことに一因があった。そのような要請に応じたのはデボン・エナジーだけではなかったが、同社はより効率的な新しい採掘技術を採用する点では多くの競合他社の先を行っていると認識されていた。

デボン・エナジーの比較的きれいなバランスシートについては、アナリストたちはそれによって同社は不況期に魅力的な鉱区を買収するうえで有利になると考えていた。二〇二〇年が始まる時点で、デボン・エナジーは一八億ドルの現金と、三〇億ドルの手つかずの信用枠を有していた。二〇二五年までに満期を迎える負債もなかったデボン・エナジーには財務上の並外れた柔軟性あり、それによって業務効率の改善に力を注ぎ続けることができたのだ。[2]

二〇二〇年一月二日、ブルームバーグ・インテリジェンスのタロン・カスターとビンセント・G・ピアッツァは「ニュー・デボン」を歓迎したリポートでこれらの要素に言及した。彼らは同社のイーグルフォードのシェール油田が生み出すフリーキャッシュフロー（覚えているだろうか、ジョエル・スターンによれば株式のバリュエーションの鍵だ）を取り上げた。さらにカスターとピアッツァは、利益を株主に還元するという経営陣の約束には大規模な自社株買いが含まれると述べた。

デボン・エナジーの良いストーリーは二〇二〇年になるとさらに良くなった。経営陣はデボン・エナジーを継続会社とするWPXエナジーとの合併を計画した。この取引で隣接する鉱区が加わり、すでに達成している業務効率をさらに改善させることになった。合併会社はまた経費の無駄を省くことで規模の経済性も手にした。

デボン・エナジーはＷＰＸエナジーを買収するにあたり借り入れに頼るのではなく、ＷＰＸエナジーの株価に適度なプレミアムを乗せた株式交換による取引をまとめた。この取引によってＷＰＸエナジーの負債が貸借対照表に付加されることになったが、ムーディーズはデボン・エナジーの信用格付けの見通しをステーブルからポジティブに引き上げた。格付け会社はデボン・エナジーによるこの増大した負債を削減する計画を引き合いに出した。

ＷＰＸエナジーとの取引を計画するに併せて、デボン・エナジーはエネルギー業界では初となる新しい配当政策を始めた。定額の四半期配当と共に、デボン・エナジーは固定の配当を支払ったあとに残ったフリーキャッシュフローの五〇％を株主に払い出すことにしたのだ。この改革によって、株主に非常に高い配当利回りがもたらされることになり、デボン・エナジーは同業他社からますます差別化されることになった。

この開発・生産企業が伝統的に採ってきた方法からの脱却がシンプルではあってもどれほど革新的かを認識することが重要だ。石油やガス価格の急騰に対しては、突然流入した余分な資金を生産量の増大に向けることが標準的な方法だった。経営陣の反応は、どうしてより多くの石油やガスを販売することで価格の上昇を最大限に利用しないのかというものだった。だが、残念ながら生産量を増大させることで、企業は需要が変わらないなかで供給を増やすことになり、価格を押し下げてしまっていた。増産に投じられた資金は結果として平凡なリターンしか生まなかった。

エネルギー価格の急騰で得た棚ぼた式の利益を投資に回す代替案として、配当を増やすことで株主に直接利益を還元しようとしたわけだ。この方法の問題点は、開発・生産の利益は安定しないので、配当利回りの大幅な上昇は維持不可能であることだった。一～二年後、同社は配当を減少させざるを得なくなり、それによって同社の株式は投資家たちから毛嫌いされることになる。

デボン・エナジーは配当を定額部分と変動部分に分けることでこの縛りを打ち破った。好調だった年に支払われるとりわけ巨額の配当も、エネルギー価格の低下にあわせて通常の水準に戻ることになる。だが、経営陣がこの計画を明確に説明するかぎり、投資家はたとえそうなっても同社の株式への関心を失うことはないだろう。

企業が成長するにつれ、配当の固定部分を持続可能な割合で増大させることもできる。長きにわたる事業の停滞を除けば、この新しい措置によって投資家は配当額の下限が分かるという安心感が得られる。本質的に低い資本利益率しか上げられない方法で投資をするのではなく、一時的に増大した利益を還元してもらえることを好む投資家にとっては、デボン・エナジーは唯一の選択肢だった。

要するに、デボン・エナジーは開発・生産企業では抜きん出た存在だった。同社は原油価格の回復から利益を得るとりわけ優れた立場にあった。すでに記したとおり、原油価格は二〇二一年にものすごい勢いで回復した。サウジアラビアが市場への供給を増大させることでアメリカのシェール業界を鎮圧しようとした試みが失敗に終わったことが明らかとなったからだ。

エネルギー株は力強く上昇したが、デボン・エナジーはほかのどの銘柄よりも力強く上昇した。これは偶然の出来事ではなかった。アナリストたちはデボン・エナジーがエネルギー株のなかでトップピックになる特徴を事前に見いだしていた。その特徴とは、低い生産コスト、健全なバランスシート、革新的な配当政策だった。

デボン・エナジーに強気のアナリストたちは、二〇二一年にエネルギー価格が上昇したら、同社がどれほど有利な立場にあるのかを説明することで本当に投資家たちの役に立った。年初の株価目標が優れたアドバイスとなったケースもあった。キャピタルＩＱが調査したアナリストのなかには、一三七％もの株価上昇を説いた者もいた。それでもデボン・エナジーが二〇二一年に実際に示した一九六％の上昇よりは大人しかったが、強気筋の考えは正しかったのだ。

年初に発表した株価目標がデボン・エナジーの二〇二〇年末の水準よりも低かったアナリストもいた。これは、株価の楽観的な予想を実現させる意見のばらつきをもたらした。だが、年初の意見にかかわらず、アナリストたちには自分たちが期待していたよりも好ましい展開になるにつれ、自らの株価目標を引き上げるチャンスがあった。

多くの者たちが方針転換し、株価目標を引き上げた。これについては粗探しをするようなことではない。アナリストたちは自らの当初の見通しにかたくなに固執するのではなく、事実が変化すれば自らの意見を変えることで投資家の役に立った。

それでも、アナリストたちやコモディティの予測を専門とする同僚たちがベンチマークであるWTIの二〇二一年の上昇度合いを予想できていたとしたら、株価目標を上方修正する必要もなかっただろう。全体として見れば、彼らは予想できなかった。二〇二〇年一二月三一日のWTIは四八・五二ドルだったが、ニューヨーク・マーカンタイル取引所が発表した予想の中央値は四二・〇〇ドルだった。

この予想はWTIが一年前の六一・〇六ドルから二一％下落したことに影響されていたのかもしれない。だが、二〇二一年は小幅な下落がありながらもWTIは五五％上昇し、七五・二一ドルでその年を終えた。コンセンサス予想に基づけば、だれもデボン・エナジーが二〇二一年にS&P五〇〇のナンバーワン銘柄になるなど期待しなかっただろう。

これは、原油価格の予言者たちが一般に受け入れられた方法を適切に適用できなかったのだと言いたいのではない。二〇二一年のサプライズは、一貫して正確に原油価格を予想することは不可能であることをはっきりと示しただけだ。一〜二回連続して「素晴らしい予想」をしただけでは不十分だ。その程度の成功は純粋に運が良かっただけかもしれない。だが、一度大きな変動を正確に予想すれば、メディアで次のように紹介されるかもしれない。「直近の原油価格の大変動を予測した天才が言うには……」

燃料費に敏感な事業を経営する者が、その時点で手に入る情報に基づいて、将来の原油価格に関する専門家の最良の予想に頼るのは合理的だ。だが、エネルギー価格が急騰しそうなときに耳打ちしてくる予想屋を当てにするべきではない。ある年において、S&P五〇〇のなかで最も有利な立場にあるエネルギー企業は二〇二一年のデボン・エナジーがそうであったように、最終的に指数のなかで最大の勝者となるかもしれない。ナンバーワン銘柄を見つけるということに関して、エネルギー価格は不確定要素なのだ。

二月一六日、ＥＰＳは株式のバリュエーションとは無関係だとするジョエル・スターンの主張を支持するかのように、デボン・エナジーは二〇二〇年第４四半期の利益が目標に達しなかったと発表した。アナリストやトレーダーやメディアは息を殺して決算発表を待っていたのかもしれないが、世の中の仕組みにおいてそれはけっして重要ではなかった。決算発表に先立ち、株価はその年二六％上昇しており、業績が未達であったにもかかわらずさらに上昇した。ＪＰモルガンは、決算発表前の上昇はデボン・エナジーが予想よりも早く特殊な配当支払いを開始したことに対する反応だと説明した。同社は通常の〇・一一ドルの配当に加えて、一株当たり〇・一九ドルを支払うと述べた。

その年の後半、デボン・エナジーはＳ＆Ｐ五〇〇指数全体で最も配当利回りが高くなることが予想され、二〇二二年には定額配当の増額を検討するかもしれないと述べた。さらに、同社の取締役会は二〇二二年末までの一〇億ドルの自社株買いを承認した。ＣＥＯのリック・ムンクリーフは、デボン・エナジーの業界最高の配当が最優先事項であることは変わらないが、自社株買いが株主に価値を還元し、一株当たりの業績を高めるもう一つの方法になると述べた。

三月一一日、株主はさらに良いニュースを耳にした。デボン・エナジーは七億ドルの負債を満期を待たずに返済すると発表したのだ。その直後、ムーディーズは同社の債券の格付けの見通しをステーブルからポジティブに引き上げた。この行動は信用状況が改善しているデボン・エナジーの地位を固めることになったが、これは過去のナンバーワン銘柄にも共通する特徴である。

二〇二一年後半、スタンダード・アンド・プアーズも見通しをポジティブに引き上げた。ムーディーズはデボン・エナジーの格付けをＢａ１からＢａａ３に引き上げた。格付けの変更でデボン・エナジーは投資適格のカテゴリーに入った。多くのファンドは投機的格付けの有価証券を買うことが制限されているので、この手の変更は同社の債券の市場を拡大する。

債券保有者たちは、デボン・エナジーによる三種類からなる巨額の負債の期限前償還にそれほど熱狂しなかった。債券保有者たちに熱狂的に受け止められることはなかった。償還価格は債券の直近の取引価格を大きく下回っていた。債券証書によれば、保有者たちはデボン・エナジーが償還のために自己資金を調達する場合を除いて、期限前償還から保護されていた。デボン・エナジーはＷＰＸエナジーとの株式交換は自己資本の調達とみなすことができると主張した。

債券投資家の業界団体であるクレジット・ラウンドテーブルは強硬に反対した。彼らはメンバーに対して将来債券を引き受けるときには契約文言をより厳格にすることを要求するよう促した。そうしなければ、企業は債券保有者を犠牲にして株主を報いるために契約の穴をつけるだろう。だが、デボン・エナジーの経営陣が株主を報いるべく奮闘していることにだれも異議を唱えられなかった。株式アナリストたちは高く評価し、三月中に株価目標を二一～三八％引き上げた者もいた。

その月の終盤、デボン・エナジーのセクターに好機が訪れた。スエズ運河でコンテナ船が座礁し、石油の国際輸送の重要なルートをふさいでしまったのだ。それまで下落していた原油価格は反転し、エネルギー株を押し上げた。このような災難に起因する出来事は、ナンバーワンになる銘柄を予想するときには予測が不可能である。だが、幸運の女神がほほ笑んだ企業の株主たちには温かく迎えられる。それ以外の人々が温かく迎えるとは限らないが。

その後数カ月にわたり、アナリストの株価目標はデボン・エナジーの実際の株価の上昇に併せて上昇し続けた。通常は一〇％から二〇％程度の上方修正が行われたが、五〇％にも上ることもあった。一一月上旬までに、買いの数は二六対一と売りを上回り、ホールドは五件となった。

EPSに主眼を置くアナリストたちの楽観論に寄与したのが過去3四半期続いたビート(Beat)だった。業界の見通しが上向きだったことも彼らの熱狂をかき立てた。エバーコア・ISIのスティーブン・リチャードソンはデボン・エナジーをインラインからアウトパフォームに引き上げるにあたり、開発・生産セクターの「新たな規範」だと主張した。彼はコロナパンデミックを脱した経済の回復期待に触れて、デボン・エネルギーを「取引再開の嚆矢」と呼んだ。ジム・クレイマーは、一バレル一〇〇ドルまで上昇する原油価格に乗るには、大手の石油会社よりもデボン・エナジーのほうが良いと述べた。

原油価格ではよくあることだが、デボン・エナジーが勝者となった年は政治的な展開が重要な役割を担った。ワシントンDCの権力を掌握した直後、バイデン政権は連邦政府の所有地における石油とガスの新規採掘許可の発行を六〇日間停止することで選挙公約を果たそうとした。幸運なことに、開発・生産の収益見通しへの影響は限定的だった。そのような行動を予想していた企業は二〇二〇年の選挙に先立ち、リース権を積み増していた。六月、合衆国控訴裁判所は禁止措置の解除に対して仮差し止めの命令を発した。その後、八月になると審問の結果、政府は連邦公有地での石油・ガスのリースを再開するよう義務づける規則が設けられた。

要約すると、その年、指数のなかで第一位となったデボン・エナジーのトータルリターンは目覚ましいターンアラウンドを象徴していた。同社が二〇二〇年九月にWPXエナジーと合併するまでの数カ月、株価はS&P五〇〇で最もパフォーマンスが悪かった。エネルギー価格が反転したことでエネルギーセクターは二〇二一年の勝者へと駆け上がり、デボン・エナジーは企業理念を大きく見直したことで業界内でも秀でた存在となった。経営陣は、定額と変額を組み合わせた配当の枠組みを通じてフリーキャッシュフローを株主に還元するという明確なメッセージを投資家に送ったのだ。

第3章　ニュース速報――五〇〇銘柄だけではない

本書では主にS&P五〇〇の銘柄に焦点を当てているが、この指数の外側にも広い世界がある。本章で議論する銘柄は二〇二〇年から二〇二一年にS&P五〇〇に採用されたものだが、それ以前にも取り上げた年にS&P五〇〇のすべての銘柄を上回るパフォーマンスを上げている。それらのストーリーは、前もってナンバーワン銘柄を見いだすことに挑戦したいと考える投資家たちにもう一つの手がかりをもたらすだろう。

この話題は、二〇二〇年の競争が尋常ではない結果となったことからも重要だ。最終的にナンバーワンの地位を獲得したテスラ（TSLA）は、その年が始まったときにはS&P五〇〇の構成銘柄ではなかった。ある年の一二月三一日には、翌年のチャンピオンがアメリカに上場する五〇〇の大型株からなる特権階級から別の株式を追い出すチャンスが来ることを期待しながら、舞台の袖で出番を待っているかもしれない。

まだS&P五〇〇に採用されていない有望な銘柄を見いだし、指数に採用されるかどうかを解明したいと考えているとしてみよう。スタンダード・アンド・プアーズは採用条件の詳細なガイドラインを公表しているが、注目すべき重要な特徴は次のとおりだ。

1．企業は時価総額の基準を満たさなければならない。二〇二二年時点では一四六億ドルとする。この値は時間の経過とともに増減――二〇〇八年には減少した――している。スタンダード・アンド・プアーズは二〇〇七年以降一三回の変更を行っている。それぞれのケースで、新たな最低閾値は変更日のS&P五〇〇の水準の〇・三%と同等だった。これは、閾値の変更が行われたときに自ら候補と考えている企業が採用されるチャンスがあるかどうかを割り出すための経験則となるはずだ。

2．浮動株が発行済み株式総数の五〇%以上でなければならない。経営陣やIPO（新規株式公開）前からの投資家が大量の未登録株を保有しているかもしれない。

3．企業の直近の四半期の利益と過去4四半期連続の利益の合計額がそれぞれプラスでなければならない。

スタンダード・アンド・プアーズの指数委員会はこれらの数字を機械的に適用しているのではないことに留意されたい。二〇二〇年、テスラは4四半期連続で黒字を達成した。多くの投資家が指数委員会の次の会合でS&P五〇〇に採用されるものと期待していたが、その年の後半まで採用されることはなかった。

次に、S&P五〇〇に採用されるまでの数年のうちに、すべての構成銘柄を打ち負かしたいくつかの企業のストーリーを取り上げる。これらは、次の第4章でナンバーワン銘柄に共通する特徴を抽出するときに役に立つだろう。

二〇一七年──ソーラーエッジ・テクノロジーズ　二〇三%

ソーラーエッジ・テクノロジーズ（SEDG）は太陽光発電装置の分野で活動している。同社はとりわけインバーターとオプティマイザーで知られたイスラエルの企業である。インバーターはソーラーパネルが生み出す直流電流（DC）をパワーグリッドで用いられる交流電流（AC）に転換する。オプティマイザーは太陽光発電で生み出される電力を最大化する。

二〇一六年末時点で、ソーラーエッジの株価は二〇一五年三月二五日のＩＰＯ価格を三一％下回っていた。対照的に、同期間においてＳ＆Ｐ五〇〇は九％上昇した。二〇一六年に五六％下落したあとでこのＳ＆Ｐ五〇〇の部外者（この時点で）が二〇一七年に三倍になり、指数のすべての銘柄を打ち負かすヒントはあったのだろうか。

ソーラーエッジは上場してから苦境続きだったことは紛れもない事実だ。二〇一五年、石炭と天然ガスの価格が共に一九％下落したことで、ブルームバーグによれば太陽光に対する需要が縮小した。中国の太陽光発電業者との競争は激化していた。さらに、ソーラーエッジはソーラーパネルの設置が鈍化するなかで最大のライバルであるエンフェーズ・エナジーとの価格競争に陥った。

二〇一六年一一月、ソーラーエッジの太陽光システムの最大の買い手であるイーロン・マスクのソーラーシティは太陽光パネルの設置を縮小すると発表した。さらに、ソーラーシティは計画しているテスラとの合併が完了したら、これまでソーラーエッジから買っていた部品の製造を始めると述べた。これらの懸念が重なったことで、投資家たちはソーラーエッジの事業が、顧客ではソーラーシティに、地理的にはアメリカ合衆国に集中していることに不満を抱いた。

だが、その名のとおり、同社は太陽光事業で優位性を持っていた。つまり技術が優れているのだ。二〇一五年一一月、アボンデール・パートナーズのアナリストであるマイケル・モロシはソーラーエッジを低コストの生産者だと認めた。同社にはコスト削減を可能にする技術があり、再生可能エネルギーの補助金がなくなることで生まれる損失を相殺できると彼は述べた。そして、二〇一六年、ソーラーエッジは住宅向けの新しいオプティマイザー・インバーター・モデルの提供を開始した。これはそれまでの製品の半分の重量で、効率性はより高く、発熱量も少なかった。専門家たちはとりわけドイツやオーストラリアでソーラーエッジの製品に対する需要が高まる可能性があると考えた。

ソーラーエッジの株価は二〇一七年に大ブレイクするまで強力な向かい風を受けていたが、概して業績は堅調だった。二〇一五年から二〇一六年にかけて、同社はアナリストの利益予想を一貫して上回っていた。二〇一六年、石炭と天然ガスの価格がそれぞれ七五％と五九％上昇したことで、太陽光発電企業は安堵する。そして、上昇を後押しする可能性のあるテクニカル要因として、空売りされているソーラーエッジの株数が発行済み株式総数に占める割合が二〇一六年には過去最大となっていた。

ソーラーエッジの運気が二〇一七年に変わる保証はなかった。さもなければ、同社の株価はIPO時の水準を大きく下回るまで下落することはなかっただろう。だが、同社には、けっして通年でナンバーワン銘柄になることはないほかの数多くの企業とは異なる確かな特徴があった。

ありがたいことに、二〇一七年になると多くの事柄がソーラーエッジにとって良い方向に進んだ。二月、調整後EPS（一株当たり利益）はアナリストのコンセンサス予想に一セント足らなかったが、収益が予想を上回ったことで株価は急騰した。JMPセキュリティーズのアナリストであるジョセフ・オシャは三月に同社の株式をマーケットパフォームからアウトパフォームに引き上げたときに、競合他社であるエンフェーズはますます縮小していると述べた。また、ライバルの中国企業ファーウェイ・テクノロジーズが屋上太陽光発電の市場に参入するというこれまでの噂は噂にすぎなかった。

やがてソーラーエッジは最も高いEPS予想すら上回るようになった。利益が堅調だったことで同社は現金残高を増やすことができた。負債のないバランスシートを持つ同社の財務面での柔軟性は、苦境に立つ競合他社に対する優位性を意味した。ソーラーエッジには製品開発や地理的な拡張への投資だけでなく、戦略的な買収を検討できるだけの大きな自由があった。

アナリストたちは推奨内容と株価目標を引き上げ始めた。七月、ロス・キャピタルのフィリップ・シェンは株価目標を六二・五％引き上げた。一一月、Ｂ・ライリーのカーター・ドリスコールは株価目標を一五〇％引き上げる一方で、推奨内容をニュートラルから買いに格上げし、経営陣の「ほぼ完璧な業務遂行」を称賛した。カナコード・ジェニュイティーのコーリン・ラッシュが八月に株価目標を引き上げたときには、ソーラーエッジは投資家が望むもの、つまり群を抜いた上昇余地をもたらしていると述べた。

株価目標を引き上げるにあたりアナリストたちが言及した一つの要素が、ソーラーエッジの技術面での優位性だった。同社は世界初のインバーターを搭載したＥＶ（電気自動車）充電器を投入することで、その評判を強化した。同社のレベル２デバイスは、系統電力を太陽光発電で補完することで、ＥＶの充電を標準的な方法よりも六倍も早くできた。また、アナリストたちは当初住宅市場に集中していたソーラーエッジには商業や産業部門で大きな成長機会があると考えていた。

二〇一七年、ソーラーエッジにはいくつかの好機が訪れた。大きなチャンスの一つが、競合するファーウェイのオプティマイザーの発売が遅れたことだ。七月下旬、ヨーロッパの顧客はまだ製品を受け取っておらず、アメリカからの出荷がいつ始まるか不透明だった。

アメリカの太陽光パネルメーカーは自分たちが外国との競争で傷ついていることを米国際貿易委員会（ＩＴＣ）にどうにか納得させた。ＩＴＣは単結晶ソーラーパネルに三〇～三五％の関税を課すようトランプ大統領に提案した。だが、これは最悪の事態になった場合よりもダメージが少ないと考えられた。

同じ時期、ソーラーエッジは自ら道を切り開いていた。エンフェーズとの過熱する価格競争に対処するために、コスト削減に取り組んだ。経営陣はアセットライトの組織構造を取り入れ、パワーオプティマイザーの生産をアウトソースした。これによってソーラーエッジの資本面での負担が軽減され、財務面での柔軟性がさらに高まった。

一一月後半までには、これまでソーラーエッジに懐疑的な見方をしていた者の多くがタオルを投げ入れた。株価は前年末の水準から二〇〇％以上上昇した。ドイツ銀行のアナリストであるビシャル・シャーは、市場はソーラー部門と非ソーラー部門双方における卓越した実行力を見込んで完全な価格を付けていると結論した。そのため、彼はソーラーエッジを買いからホールドに引き下げた。

株価は反応して一二％下落したが、これは過去一四カ月余りで最大の下落だった。だが、一二月にはその下落分を取り戻した。一年間で二〇三％（無配なので、トータルリターンと等しい）というソーラーエッジの上昇は、S&P五〇〇指数を構成する五〇〇銘柄すべてを上回った。

二〇一八年――エッツィ　一三三%

ソーラーエッジ・テクノロジーズと同様に、エッツィ（ETSY）が公開されたのは二〇一五年だが、その直後株価は急落した。二〇一五年末までに、IPO時の株価を四八%も下回ることになった。手芸品や古物の電子商取引サイトには暗雲が立ち込めていた。

その他多くの小売業者と同じように、エッツィはアマゾンエフェクトに直面した。二〇一七年時点でエッツィの四〇〇倍もの売上高を有する小売業界の三六〇キロのゴリラには、資源の乏しい企業が取り組む分野に押し入り、可能であれば買収するだけの資金があった。エッツィの公開と同じ年、アマゾンはアマゾン・ハンドメイドを立ち上げ、より小規模の企業との競争に打って出た。

小売業界の巨人がエッツィの収益の大部分を吸い上げてしまいかねないという不安が、同社の株式に対するアナリストたちの熱意をくじいた。批評家たちは、エッツィはたまに買い物をするニッチな顧客の心にしか響かないと断言した。二〇一五年から二〇一六年にかけて、エッツィが四半期で黒字となったのはたった一回だけだったことも致し方のないことだった。

だが、二〇一七年の出来事がエッツィが翌年に最大の上昇を示す舞台を整えた。ブラック・アンド・ホワイト・キャピタルをはじめとする幾つかのアクティビスト投資家が大量の株式を取得し、経営陣に株価の上昇を目的とした変革を迫った。TPGキャピタルとドラゴニアが併せて八％のポジションを取り、戦略的な代替案について話し合うよう持ちかけたときには、エッツィは一日の上げ幅としては過去九カ月で最大となる上昇を示した。

その直後、経営陣はゴールドマンサックスと戦略的な見直しに取り組んでいると公表した。八月、ディール・リポーターは複数のプライベートエクイティファンドがエッツィに接触しており、同社も買収に前向きなようだと伝えた。その年の前半にブルームバーグ・エディトリアルのシェリー・バンジョーは、エッツィはeBayにピッタリだろうと示唆していた。買収観測のおかげでエッツィは二〇一七年八月までにIPO時の株価まで値を戻した。

アクティビストたちは買収観測を煽り立てることに加え、エッツィに全面的な内部変革をもたらすうえで一役買った。二〇一七年五月、同社はeBayのベテラン社員であるジョッシュ・シルバーマンをCEO（最高経営責任者）に就けたが、彼は即座に八％の人員削減計画を発表した。後にこの目標値は一年間で二二％まで増大した。やがて、エッツィは供給業者やコンサルタント、さまざまな社内のプログラムにかかる費用を削減し、成長に焦点を当てることになる。

同社は、ハイテクのスタートアップ企業のような振る舞いをやめ、小売業者のように行動することを求める投資家の圧力に対応していた。経営陣はこれまで以上に他社で開発された技術を頼りにするようになり、ウォール・ストリート・ジャーナルが「ゲリラのようなマーケティング」「日曜大工のようなエンジニアリング文化」と呼んだものから離れ始めた。新しい経営スタイルと共に、新しいCFO（最高財務責任者）とCTO（最高技術責任者）が採用された。

アマゾンエフェクトは完全に消え去っていなかったが、二〇一七年前半には、ループ・キャピタルのアナリストであるブレイク・ハーパーは、エッツィは人工知能への投資を通じてオンライン販売のゴリアテ（巨人）からの攻撃をかわすという偉業を達成したと主張した。この取り組みによってエッツィは買い手による検索を支援し、商品リストを更新してより多くの品質表示を付けることが可能となった。またエッツィは売り手との友好な関係を築いた。アマゾンが一五％の手数料を課すのに対して、売り手は販売価格の三・五％と商品の掲載料として〇・二〇ドルだけが徴収された。その年の後半、アマゾンは祝日や特別な日の買い物客をターゲットとしたハンドメイド・ギフト・ショップを立ち上げ、競争を過熱させようとした。ハンドメイド・ギフト・ショップでは、買い物客は「彼女向け」や「赤ちゃん用」といったカテゴリーや価格帯別に商品を検索できた。

一方、エッツィは業績を改善させ、二〇一七年の第2四半期には公開会社で唯一、四半期で黒字となった。第3四半期、同社の収益は最も高いアナリストの予想を上回り、EPSも〇・二一ドルとなり、〇・〇六ドルというコンセンサス予想を打ち負かした。エッツィは二〇一七年一二月に二一・五％上昇した。モメンタムが変わったことは明らかだった。二〇一八年に株価を押し上げるさらなる展開が見通せなかったにもかかわらず、エッツィは素晴らしい可能性を秘めた数少ない銘柄の一つと考えられるようになった。

エッツィがその可能性を実現させ始めると、アナリストたちは株価目標を引き上げた。スティーフェル・ニコラウスのスコット・デビットは、推奨内容をホールドとしたままで株価目標を三三％引き上げた。彼は同社の「マーケティング機能の向上」と「絞り込み検索の改善」を取り上げた。二〇一八年三月、エッツィをアンダーウエートとした唯一のアナリストであるモルガン・スタンレーのブライアン・ノーワックは、エッツィはアマゾンのコアコンピタンスの外側で、自力でニッチの地位を獲得し、それゆえはるかに大きなライバルがもたらした混乱を比較的免れることができていると認めた。

また、三月にはループ・キャピタルのアナリストであるローラ・シャンピーヌは、CEOのジョッシュ・シルバーマンのeBayでの経験が、購入体験をさらに改善させようとするエッツィの努力に役立っていると指摘した。彼女は、同社の検索エンジンを改善することでさらなる向上が達成できると主張した。シャンピーヌは、これまでのエッツィの検索結果はイチかバチかの提案にすぎなかったと述べた。プラットフォーム上の五〇〇〇品目に対応する買い物客の役に立つためにはさらなる絞り込みが必要だった。投資家にしてみれば、この改善余地は、エッツィの利益に高いマルチプルを適用する理由となった。

六月一日までに、エッツィは年初来で五五％上昇した。その月、同社は売り手に課す手数料を三・五％から五％に引き上げた。六月、株価は三三％急騰した。

後に、CEOのシルバーマンは、売り手たちは手数料の引き上げに反発しなかったと述べた。解約率や商品の価格付けという点では彼らの行動にほとんど変化は見られなかった

（手数料の引き上げに併せ、エッツィは売り手向けに新しいツールやパッケージを導入した）。一方、カスタマーエクスペリエンスの改善に向けた同社の取り組みはリピート率の上昇につながり、広告を改善したことで初めての利用者が増加した。

アナリストのカバレッジも増えたが、エッツィは利益予想を上回り続けた。同社は第3四半期にわずかばかり目標に達しなかったが、4四半期連続で流通取引総額を増大させた。エッツィは最高値を更新した。さらに、同社の優れたパフォーマンスは一回かぎりのことではないことが証明された。二〇二〇年にエッツィはS&P五〇〇に採用され、その年指数を構成するすべての銘柄のうち、四番目のリターンを上げた。

二〇一九年――エンフェーズ・エナジー　四五二％

最後に取り上げるのはエンフェーズ・エナジー（ENPH）である。同社は住宅市場向けの太陽光マイクロインバーターの大手、つまり二〇一七年に素晴らしいパフォーマンスを示したソーラーエッジとの熾烈な競争に巻き込まれていた。エンフェーズは二〇一〇年代中盤の厳しい時期を経験し、二〇一六年末には二〇一二年のIPO時の価格を八三％下回る水準となった。そこから、二〇一七年には株価は二倍以上になり、二〇一八年には再び二倍近くになった。前章で取り上げたS&P五〇〇のナンバーワン銘柄のうち、エンフェーズの二〇一九年の四五二%という上昇率を超えたのは、翌年に七四三%上昇したテスラだけだった。

それほど長きにわたり輝かしいパフォーマンスを残した理由は何だろうか。そして、連続して一〇〇%もの上昇を示したあとで、エンフェーズを過去最高の水準にまで押し上げる余力が残っていたのはなぜだろうか。ほかのナンバーワン銘柄と同じように、イノベーションと競争優位がストーリーの主たる要素だった。

二〇一八年になると、コメンテーターたちは太陽光発電の技術的な進歩がもたらす潜在的な利益を歓迎するようになった。エンフェーズなどの太陽光インバーターメーカーに対する需要は、モジュール・レベル・パワー・エレクトロニクス（MLPE）という的を射た名称のおかげで増大していた。この技術は発電システムの出力量の制御に大変革をもたらした。二〇一八年一月、エンフェーズはIQシリーズの第七世代の提供を開始した。これは過去のモデルよりも一九%軽量で、一七%小さいが、発電量は四%増大する。

だが、技術的な改善を利益の増大に転換するのは簡単なことではなかった。競争によって製品原価のコストカット競争が加速していた。さらに悪いことに、既存企業はアメリカや中国の新しい企業が市場に参入したことで混乱に直面する可能性があった。エッツィの株価がオンライン小売業における三六〇キロのゴリラであるアマゾンの侵略が懸念されたことで低迷していたように、ソーラーエッジとエンフェーズはエレクトロニクス業界の三六〇キロのパンダ、ファーウェイ・テクノロジーズに脅かされていた。発電事業向けのインバーターではすでに支配的な立場にあった中国の巨大企業はソーラーエッジやエンフェーズが注力していた住宅向けの市場に一年以上遅れて製品を提供し始めた。

また、二〇一八年の初頭にエンフェーズのインバーター事業を悩ませたのが、アメリカ政府が太陽光パネルに新たに課した関税だった。エンフェーズは太陽光パネルの生産は行っていなかったが、アジアで生産され、アメリカで販売されるパネルに取り付けるマイクロインバーターをアジアに出荷していた。この枠組みを根拠に、同社は新しい関税の免除を求めた。

二〇一八年後半、関税は引き上げられた。バーティカル・グループのアナリストであるゴードン・ジョンソンは、この展開はエンフェーズやソーラーエッジなど中国に生産拠点を有していたり、同国にアウトソースしたりしている企業にとって「マイナス要素の増大」

だと述べた。最近になって技術を改善させていたヨーロッパを拠点とする企業は、それらの企業を犠牲にして利益を得るだろうとジョンソンは述べた。一方で、エンフェーズは、どうにか関税の免除を獲得したサンパワーにマイクロインバーターを独占的に供給することで利益を得た。

二〇一八年一二月、エンフェーズは、ファーウェイによるアメリカの屋上太陽光市場への進出が暗礁に乗り上げたことでチャンスをつかんだ。ファーウェイのCFOが、アメリカがイランに課している貿易制裁に違反する恐れがあるとして、カナダで逮捕された。アメリカと中国の貿易交渉の重要な局面で発生したこの出来事は、ファーウェイによる住宅市場への進出が頓挫する可能性があることを意味した。B・ライリー・ファイナンシャルのアナリストであるカーター・ドリスコールはファーウェイの野望のもう一つの障害を指摘した。スマートインバーターは遠隔操作されるよう設計されているので、潜在的に中国企業がアメリカの供給網の電力を操作することが可能となるとの懸念が引き起こされた。

これらファーウェイの戦略が頓挫したことにあわせ、エンフェーズは主たる競合であるソーラーエッジに対して技術的にも地歩を築いているように思われた。ウィリアムズ・リサーチ・パートナーズのアナリストであるブラッド・ミクルが行ったチャネルチェックでは、エンフェーズが当時進めていた生産体制の移行はソーラーエッジに1～2四半期先んじていることが示唆された。T・J・ロバーツは二〇一八年九月のシーキング・アルファの記事で、エンフェーズは数段落前に記したモジュール・レベル・パワー・エレクトロニクス技術では間違いなく先頭を走っていると記した。彼は、太陽光発電のベテラン設置業者たちは当時すでに投入されていたエンフェーズのIQシリーズの第八世代に強い関心を抱いていると伝えた。ほかのすべての競合他社製品とは異なり、エンフェーズの製品はバッテリーがなくても稼働したので、低コストの選択肢となった。顧客が新しい技術を取り入れるには少しばかり時間がかかっていたが、それも軌道に乗り始めていた。

既存顧客によるアップデートだけでも何十億ドルもの市場があったが、二〇一九年のエンフェーズにはいまだ実現していない巨大な成長機会があった。目覚ましい年となる条件は、エンフェーズに対する空売り筋の関心が大きく高まったことでさらに強化された。これは、二〇一八年に株価が九六％上昇し、多くの投資家が明らかに行きすぎだと考える水準にまで達したことが一因だった。

だが、懐疑派が誤りであることが証明された。二〇一九年、エンフェーズは太陽光発電に対する投資家の興奮の波をとらえた。その年最初の一〇カ月で、インベスコの太陽光E

ＴＦ（ＴＡＮ）はすべての上場投資信託のなかで最大の値上がりを示した。Ｓ＆Ｐ五〇〇が全体として、われわれが最も注目している五年という期間で最大の上昇幅となる二九％もの上昇を示しても問題ではなかった。だが、エンフェーズはＳ＆Ｐ五〇〇指数のなかでも、太陽光発電関連の銘柄のなかでも、同社独自の業績を足掛かりに一人勝ちの状況となった。

年が明けて一カ月もしないうちに、エンフェーズはすべての長期借入金を返済することで財務状況を強化したと発表した。同社は概してアナリストの期待を上回ったが、とりわけ競争圧力の懸念という点では重要な指標となる調整後利益率で顕著だった。エンフェーズが上昇したことで、新たにカバレッジするアナリストが増え、株価目標が引き上げられたことで利益を得た。

株価は文字どおり心配の壁を登ったのだ。中国製の太陽光パネルに対する関税が引き続き引き上げられたことに応じてエンフェーズが一部の生産をメキシコに移したあと、トランプ政権はメキシコからの輸入品にも関税を課した。いくつかの競合他社は関税のない東南アジアで生産をしていたので、エンフェーズはこのコスト増大を転嫁し切れずにいた。空売り筋はエンフェーズを標的にし、同社の流通チャネルにある予備在庫に異議を唱え、エネルギー業界の巨人であるジェネラックが住宅向け太陽光市場に参入したことを取り上げた。エンフェーズのＣＦＯとＣＥＯによる株式の売却が、インサイダーの買いという好ましいトレンドを少しばかり鈍らせた。

だが、これらの展開が、エンフェーズが二〇一九年にＳ＆Ｐ五〇〇のすべての銘柄を打ち負かすことを妨げることはなかった。八月二一日の高値から二五％下落したにもかかわらず、その栄誉を勝ち取った。われわれが分析対象とした期間を通じて、エンフェーズは特定の株式を頂上へと押し上げる多くの特徴を有していた。

第4章　ナンバーワン銘柄へのヒント

前の二章では、S&P五〇〇のナンバーワン銘柄、そして素晴らしいパフォーマンスを上げたいくつかの銘柄がどのようにして一年間に八〇～七四三%ものトータルリターンを上げたのかを説明した。それ以上に重要なのが、最高のパフォーマンスを示す前年にそれぞれの企業に見られた特徴を説明していることだ。それらは次なる年のナンバーワン銘柄を見いだすために目を向けるべき特徴である。

本章では、それらのストーリーから将来のナンバーワン銘柄の主たる指標を抽出する。一級品を探すうえで欠かせないのが、プロフィールに適合しないS&P五〇〇の大部分の銘柄を排除することである。本物の有力候補を見いだす一助となるような統計的な指標をいくつか詳細に説明する。それら選別ルールは、このプロジェクトでデータマネジャーを務めるジョン・リーの助けを借りて検証した数多くの定量的要件から引き出したものである。主要な候補銘柄に集中できるように、それらを適用すれば本章で議論する定性的な要件に移ることができる。

だが、統計的・定量的な選択要件に取り掛かる前に、第1章で指摘した重要な点をもう一度強調させてほしい。株式アナリストは企業の事業や競争環境について有益な情報をもたらす。だが、彼らの役割はS&P五〇〇指数を構成する五〇〇の大型株のなかから翌年にナンバーワンとなる銘柄を見いだそうとするほど特化されたものではない。投資家が平均を上回るパフォーマンスを上げる分散されたポートフォリオを構築する手助けをするのであれば、株式アナリストは素晴らしい仕事をする。そのため、市場のリターンがマイナス一〇%で、アナリストが選んだ銘柄がマイナス九%だとしたら、彼らはプロのファンドマネジャーの要請に応えて素晴らしい仕事をしたことになる。

けっしてこれは指数に打ち勝つ銘柄からなる分散されたポートフォリオを構築するという考えを非難しているのではない。個別銘柄を選択することで資金のわずかな部分を自分で運用する場合を除けば、これは設定すべき正しい目標である。長期的に富を築くうえでは役に立つだろう。次なるナンバーワン銘柄を見つけようとするのは、ポートフォリオのほんの一部にかかわることだ。これは競争意識のはけ口、または企業の見通しを評価するための有益な知識を楽しく獲得する方法として役に立つ。

いくつかの銘柄は、いくつかの条件が適合すれば、大きな上昇をもたらすという点で、過去のナンバーワン銘柄によく似ている。しかし、最も重要なことが間違った方向に行く可能性も大きい。そのような場合、たくさんの入念な分析に基づいて銘柄を選択していたとしても、自らの純資産の多くをナンバーワン銘柄の候補として選んだ株式に投じなくて良かったと思うだろう。

証券会社の株式調査だけではナンバーワン銘柄に到達しない理由をより良く理解するために、アナリストの主たる成果の一つである株価目標（ＰＴ）について考えてみよう。株価目標で想定する時間軸を一二カ月とする情報源は複数ある。それらの議論のなかで一八カ月という期間が話題に挙がることもあるが、ここでは一二月三一日時点の株価目標はアナリストが予想するその銘柄の一年後の株価であるという前提で話を進める。

以下のケーススタディーは第２章で詳細に検証した五つのナンバーワン銘柄のうち、一番目に挙げた銘柄に基づいている。アナリストの株価目標を調べるというシンプルな方法に頼ることを奨励しているのではない。二〇一六年末時点で、ブルームバーグはＮＲＧエナジー株に関する一五人のアナリストの推奨内容を伝えた。彼らのうち一二人が株価目標を発表していたが、その範囲は一一ドルから二二ドルだった。最終的に最も楽観的な株価目標が二〇一七年末時点の実際の株価とまったく等しかったとしたら、その年のNRGエナジーのトータルリターンは八〇・五％になっていた。実際のトータルリターンは一三四％だった（トータルリターンは株価の変化だけでなく、配当と配当の再投資も考慮している）。

トータルリターンが八〇・五％という予測は、その株式がかろうじてナンバーワン銘柄を連想させる力量を持っていることを示すにすぎなかった。二〇一二年から二〇二一年までの期間にS＆P五〇〇でナンバーワンとなった一〇銘柄のうち、トータルリターンが最も低かったのは、二〇一八年のアドバンスト・マイクロ・デバイセズ（AMD）の八〇％だった。二番目は二〇一四年のサウスウエスト航空で一二六％（すべてのリストはまえがきを参照）だった。S＆P五〇〇が下落した二〇一五年と二〇一八年の二年でも、指数で最高のパフォーマンスを上げた銘柄は株価が二倍以上になったことに注意してほしい。S＆P五〇〇が三八・五％と一九三七年以降、一年間で最大の下落を示した二〇〇八年でさえも、その年のナンバーワン銘柄であるファミリー・ダラー・ストアーズのトータルリターンは三八％だった。だが、通常の年であれば、ＮＲＧエナジーの例のように年初の株価目標が示唆するトータルリターンがたった八〇・五％だとしたら、それはナンバーワンのパフォーマンスを上げる可能性がある銘柄を指し示してはいない。

株価が二倍になることを予想できなかったとしてもけっして恥じることはない。そのような上昇は予期しない出来事、予想すらできない出来事の結果である。そのような出来事が起こると、株式アナリストたちは株価の上昇に追いつくために株価目標を引き上げる。

事実が変化した場合に意見を変えるのは何も間違っていない。例えば、主たる競合他社がつまずいたことで、市場シェアを獲得する予期しないチャンスがもたらされたとしよう。その結果、企業のフリーキャッシュフローが増大することが見込めるならば、それまでの株価目標を破棄することは間違いなく正しい。

しかし、事実が変化していないならば、原則としてアナリストのＥＰＳ（一株当たり利益）予想も選択したＰＥＲ倍率も変えるべきではない。企業の見通しが改善しないで、市場全体のＰＥＲも上昇していないのであれば、たとえ実際の株価が上昇していたとしても、アナリストの株価目標はそのままにすべきである。アナリストの計算によれば、現在の株価は公正価値を上回っていることを事実が示している。そのような環境で株価目標を引き上げると、アナリストは投資家に手堅いアドバイスを提供しているかどうかではなく、後手に回っているように見えてしまい、批判にさらされる。いずれにせよ、年初の株価目標が強気にも一二カ月で五〇％か、七五％の上昇を示唆していたとしても、それはナンバーワンになるような上昇を示すものではない。

また、株価目標が最も高いアナリストは、その企業をカバーしているアナリストたちのなかで最も優れた銘柄選択を行ってきた者ではないかもしれないことをよく覚えておいてほしい。その場合、最も高い株価目標があとでそれほど楽観的ではないことが分かるにしても、楽観的にすぎたと分かるかもしれない。アナリストたちのコンセンサスに頼ることも確実な方法ではないことが分かる。次のようなことを考えてみてほしい。二〇一二年から二〇二一年の期間で、すべてのナンバーワン銘柄のうちで最も高いパフォーマンスを示したテスラ（二〇二〇年）は、ブルームバーグのデータによれば、その年の初めの時点では売り推奨が一五件だったのに対し、買い推奨はたった一一件だった。

ファンダメンタルズの株式調査がナンバーワン銘柄を見いだす近道とはならないという結論に達したので、いくつかの代替的な方法の検証に移ろう。ある要素がナンバーワン銘柄を探すうえで役に立つと判断するための基本的な要件は、その銘柄が指数のなかでナンバーワンとなる年が始まる前に、用いるデータを入手できなければならないということだ。

統計に基づく選択

株価のボラティリティ

狭いレンジのなかで取引されている銘柄は、三六五日の間に株価が二倍になるような候補にはならない。それは斑点の位置を変える豹みたいなものと言えるだろう。一方、激しく変動する銘柄は翌年に大きく上昇するかもしれない。また、その銘柄は大きく下落して、指数を上回るどころではなく、アンダーパフォームする可能性だってある。それこそが、S&P五〇〇のナンバーワン銘柄への賭け金をポートフォリオのごく一部に限るべきだとするもっともな理由である。

大きな変動を数値に転換した結果を**図４－１**に示している。私はブルームバーグ端末から入手したのだが、将来の数値を得るために必要となる計算は過去の株価を入力すればエクセルでもできる。ボラティリティを測るために、私はその銘柄がナンバーワンになる前

図4-1　前年のナンバーワン銘柄と250位の銘柄のボラティリティの比較

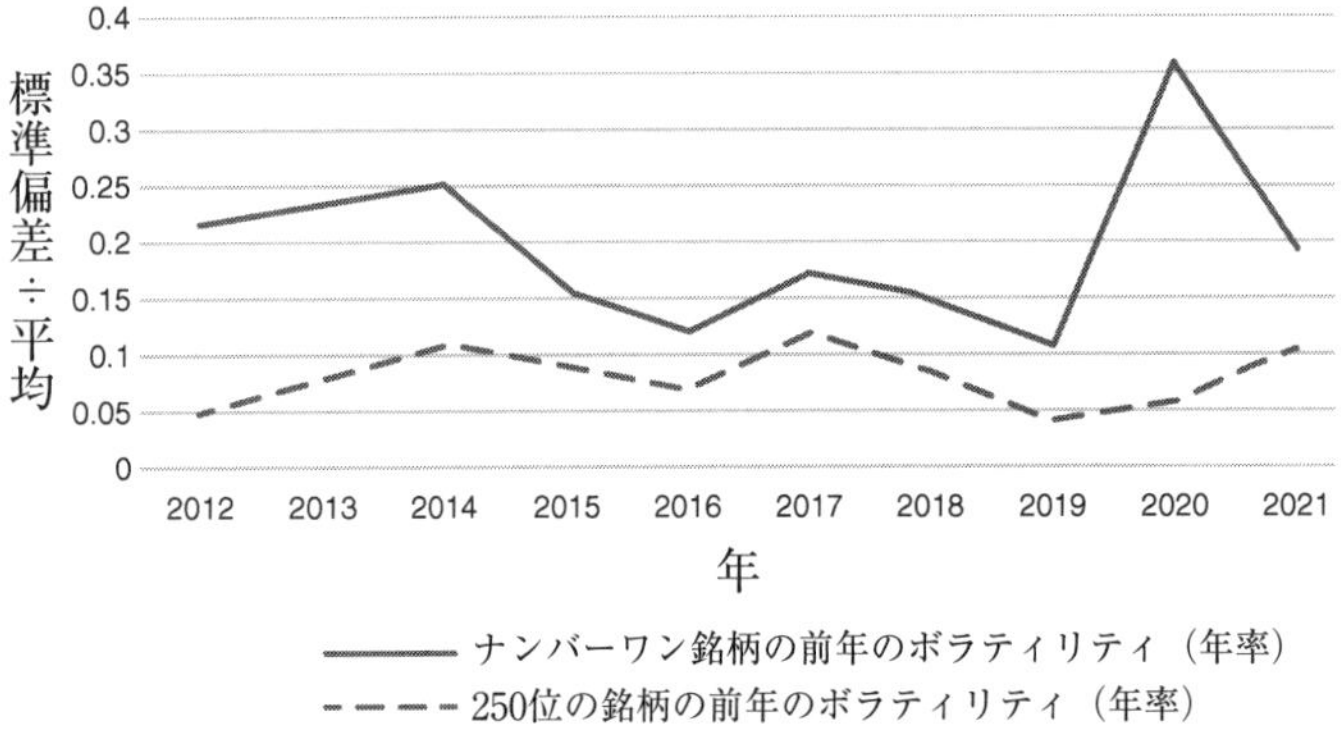

出所＝ブルームバーグ

年の日次の株価データを収集した。平均（Mean）とも呼ばれるが、それらの株価の単純平均を算出した。さらに、統計家が用いる基本的な道具で、エクセルでも算出できる標準偏差を割り出した。この標準偏差を平均で割った毎年の値をグラフの実線で描いた。破線はそれぞれの年の二五〇位の銘柄の同じ指標を示している。それぞれのケースで、ナンバーワンの銘柄は二五〇位の銘柄よりもボラティリティが高かったことが分かる。

次に、この選択方法を適用する一助となるように、毎年のナンバーワン銘柄のボラティリティの値を対応する二五〇位の銘柄の値で割った。これによって比率が得られるが、それはあまりに安定していて、一年間に一〇〇

%もの利益をもたらす可能性の少ない銘柄を検討対象から外すために用いることができる。二〇一二年から二〇二一年までに、このボラティリティの比率で最小となったのは二〇一六年にS&P五〇〇でナンバーワンとなったエヌビディアの一・五倍で、最大となったのは二〇一九年のナンバーワン銘柄であるアドバンスト・マイクロ・デバイセズの六・三倍だった。五つのケースで、比率は一・五～一・九倍の範囲にあった。いずれにせよ、比率が一・五倍以下の銘柄は有力な金メダル候補ではない。

この手の数字を扱った経験のある目ざとい読者は、アドバンスト・マイクロ・デバイセズは二〇一八年と二〇一九年と連続してナンバーワンになっていたことを指摘するだろう。ある銘柄が一年目にナンバーワンまで駆け上がるのであれば、その上昇がジグザグのパターンを示すのではなく直線的なものであるとしても、私の計算ではボラティリティは高くなる。私が示した比率は大きな変動をとらえようとするものだが、アドバンスト・マイクロ・デバイセズのケースでは問題とはならなかった。二〇一八年、同社の株式は九月一四日から一二月二四日にかけて四九%も下落したが、第一位となった。そのため、アドバンスト・マイクロ・デバイセズは二〇一八年のナンバーワン銘柄となっていても、ナンバーワンになる二回目の年である二〇一九年が始まる時点では、大きな騰落を示す傾向にある銘柄の基準に合致していたのだ。

ＥＰＳ予想のばらつき

統計用語の「ばらつき」になじみがないとしても、ギリシャ文字や方程式で満たされたページに向かい合うことを恐れてはならない。クオンツで用いるこの言葉は、一連の数字がどのように広がっているかを示しているだけだ。ここで議論する数字とは株式アナリストのＥＰＳ予想である。

ご指摘は承知だ。そもそも私はナンバーワン銘柄を探すために株式アナリストの調査結果を重視していない。だが、ここでの議論は違うものだ。それらの否定的な意見は、アナリストが推奨、利益予測、株価目標を算出することで意識的に成し遂げようとしていることを対象としていた。対照的に、ここでの議論はアナリストがけっして考慮していないが、達成している事柄に関係している。そして、彼らの本当に有益な貢献は、どのアナリストが与えられた任務で最良の仕事をしているかとはまったく関係がなかった。ここでのプロセスでは最も見当違いの予想は最も正解に近かった予想と同じくらい重要だった。

年初のＥＰＳ予想のばらつきが大きいことがナンバーワン銘柄に共通する特徴であることは分かっている。私はこの効果を新たに生み出した「フリッドソン・リー統計」で定量化した。これを算出するために、私はナンバーワン銘柄が指数でトップのパフォーマンスを上げる前年末時点の最も高いＥＰＳ予想を取り上げる。その数値から最も低い予想を差し引く。そして、その差額を最も低い予想値で割ることで、比率として算出する。仮の例を挙げれば、次のとおりとなる。

最も高いＥＰＳ予想　二・四〇ドル
最も低いＥＰＳ予想　一・八〇ドル
フリッドソン・リー統計　（二・四〇ドル－一・八〇ドル）÷（一・八〇ドル）
＝〇・六〇ドル÷一・八〇ドル
＝〇・三三三
＝三三・三％

比較のために、取り上げた銘柄がナンバーワンになった年に二五〇位で終わった普通の銘柄のフリッドソン・リー統計を算出している（表４－１を参照）。表４－１の最後の列はナンバーワン銘柄と二五〇位の銘柄の比率の差を示している。

一〇年間すべての期間において、ナンバーワン銘柄のEPS予想のばらつきは二五〇位の銘柄よりも大きかった。差の平均は三三・九％だった。ナンバーワン銘柄のうち二銘柄はフリッドソン・リー統計が普通の銘柄を二〇〇％近く上回った。

これらの数字から何が分かるだろうか。表４－１の二五〇位の銘柄の列のように、ある銘柄に関するアナリストのEPS予想に大差がないならば、それはその企業の翌年の業績見通しについて意見がおおよそ一致していることを意味する。そのような銘柄が、アップサイドでもダウンサイドでも投資家を驚かせることはないだろう。その企業で起こる重要なことのすべてが年初時点で株価に織り込まれているのだ。そのような銘柄はおおよそ市場と同程度のパフォーマンスとなる可能性が最も高い。

集団から抜きんでるためには、企業は株価の動向を決するアクティブな投資家たちの一部を驚かせなければならない。ナンバーワン銘柄にとって、驚かせるべき投資家とは、EPS予想が最も低いアナリストの悲観的な見方を共有している者たちだ。すでにお気づきかもしれないが、フリッドソン・リー統計が高い銘柄は、最も高いEPSを予想したアナ

表4-1　フリッドソン・リー統計

	アナリストのEPS予想		
	ナンバーワン銘柄	前年の250位の銘柄	
年	（高値－安値）÷安値	（高値－安値）÷安値	差異
2012	44.4%	7.3%	37.2%
2013	69.6%	2.2%	67.3%
2014	33.6%	2.9%	30.6%
2015	68.8%	3.2%	65.6%
2016	18.4%	3.7%	14.7%
2017	195.7%	1.9%	193.8%
2018	23.3%	2.2%	21.0%
2019	19.0%	4.0%	14.9%
2020	197.0%	2.2%	194.8%
2021	11.7%	2.2%	9.5%
平均	39.0%	2.6%	33.9%

出所＝ブルームバーグ

リストはおおよそ妥当だと考えていた投資家を驚かせる可能性もある。その場合、その銘柄は最終的にS&P五〇〇の最下位付近にランクされるだろう。それこそ、指数のトップまで急上昇する前に株式を買おうとすることに伴うチャレンジであり、楽しみだと言う者もいるかもしれない。

重要な教訓は次のとおりだ。ナンバーワン銘柄の候補を求めてS&P五〇〇を調査するときは、アナリストのEPS予想がおおよそ一致している銘柄は検討対象から除外すべきだ。そのような銘柄は多かれ少なかれ投資家の期待に応えるだろう。それこそが普通のパフォーマンスの公式である。われわれが調査したケースの九〇%で、離陸直前のフリッドソン・リー統計は一八％を超えており、二〇〇％近くに達する銘柄もあった。これらの数値はナンバーワン銘柄を見つける可能性が最も高い領域を割り出している。

債券格付け

この統計指標は株式の銘柄選択の議論には場違いなように思えるかもしれない。私がウォール街で働いている間で、株式の調査部長が債券格付けに言及するのを耳にしたのは一回だけだった。そのとき、アメリカ経済は明らかに景気後退に向かっていた。景気後退を乗り切るためには企業には健全な財政状態が必要だと考えた株式の調査部長は、アナリストたちに買い推奨は投資適格の格付けを有する企業に限定するよう命じた。これはムーディーズでAaaからBaa3、スタンダード・アンド・プアーズでAAAからBBBマイナスの範囲に属する（第三の格付け機関であるフィッチ・レーティングスはスタンダード・アンド・プアーズと同じ等級を用いている）。

現在、投資適格というカテゴリーはアメリカで最も有名な企業の特徴でもある。アルファベット（グーグル）、アマゾン、アップル、メタ・プラットフォームズ（フェイスブック）、マイクロソフト、ウォルマートは金融メディアで定期的に目立つ形で取り上げられる。それらの株式が姿を現さないのが、S&P五〇〇のナンバーワン銘柄の地位だ。これら六つの超有名企業は二〇一二年から二〇二一年の一〇年間に上位五位にランクされたのはたった一回だけだった（アマゾンは二〇一五年に第二位になった）。

一〇年間でナンバーワンになった一〇企業のうち、その年の初めに投資適格の格付けを有していたのはたった一社だった。そして、その企業の格付けは投機的格付け（メディアが好んで用いる言葉で言えば「ジャンク」だ）のたった一段階上にすぎなかった。サウスウエスト航空の格付けは二〇一四年が始まる時点でムーディーズがBaa3（**図4－2**）、スタンダード・アンド・プアーズがBBBマイナス（**図4－3**）だった。ナンバーワンとなった一〇社のうち五社はムーディーズによる格付けがまったくなかった。

これらの数字から分かることは、S&P五〇〇のうち翌年に最も高いトータルリターンをもたらす銘柄を割り出そうとしているならば、勝者が含まれる可能性が最も高い信用格付けの区分に入る銘柄群に焦点を当てるべきだ。投資適格を下回る企業、もしくはせいぜい格付けが一ノッチ高いだけの企業に集中すべきだ。それどころか、ムーディーズによる格付けがないことは好ましいサインだと考えたほうが良い。株式アナリストは債券格付け

図4-2　ナンバーワンとなった年の年初時点でのムーディーズの信用格付け（2012～2021年）

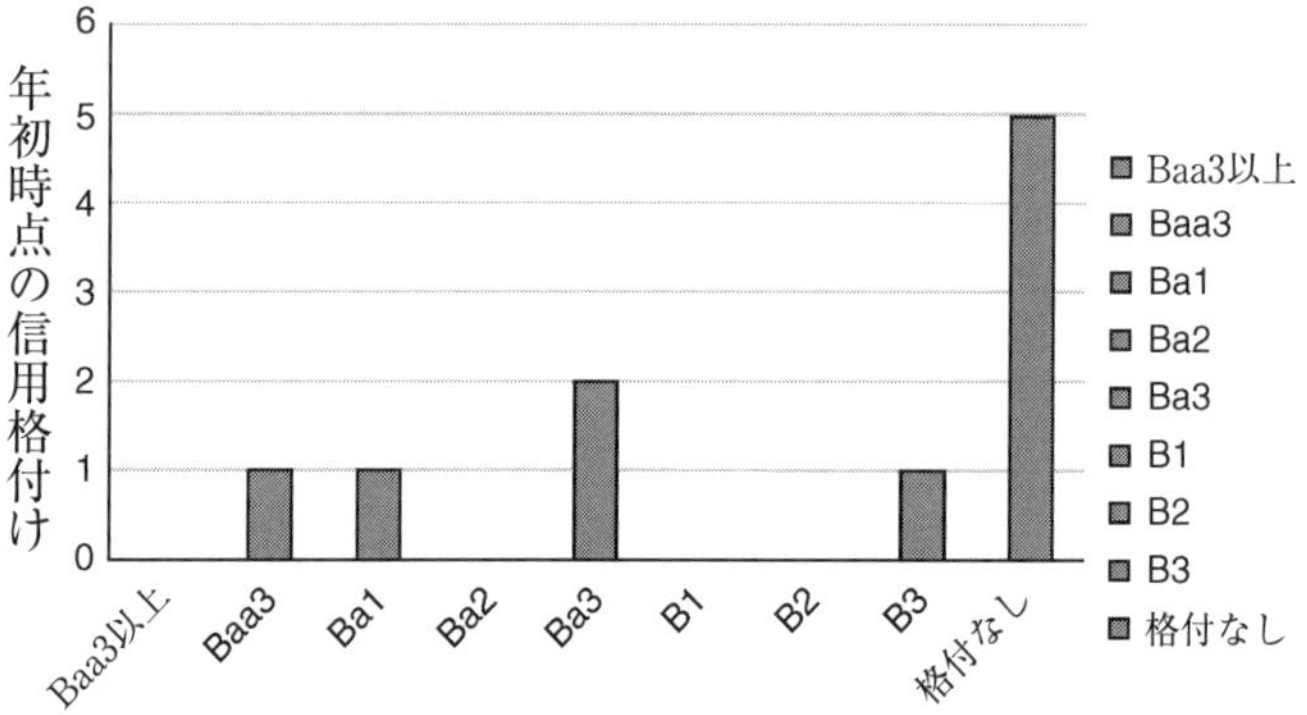

出所＝ブルームバーグ

図4-3　ナンバーワンとなった年の年初時点でのスタンダード・アンド・プアーズの信用格付け（2012～2021年）

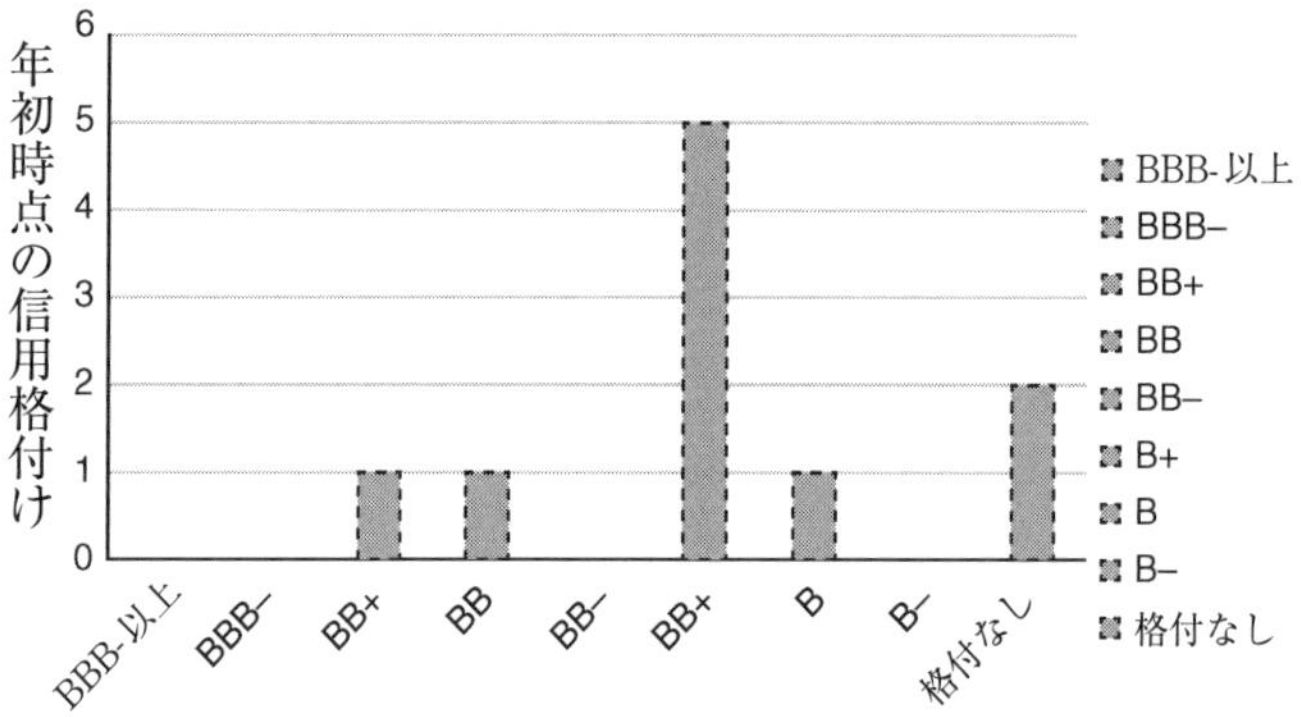

出所＝ブルームバーグ

にそれほど関心を払わないかもしれないが、ナンバーワン銘柄を探しているのであれば注意すべきである。

技術的な話になるが、付随する棒グラフは「ロングターム・コーポレート・ファミリー・レーティング（Long-Term Corporate Family Rating）」や「ロングターム・ローカル・イシュアー・クレジット（Long-Term Local Issuer Credit）」などと呼ばれるレターグレードを基準にしている。通常、これらの格付けは企業の無担保優先債に適用される。一般に、優先担保付社債には企業の格付けよりも少しばかり高い格付けがなされ、劣後債には少し低い格付けがなされる。

また、ムーディーズの格付けが対応するスタンダード・アンド・プアーズの格付けと正確に一致しない可能性があることにも注意しなければならない。例えば、ムーディーズのＢａ３はスタンダード・アンド・プアーズのＢＢマイナスに対応する。そのため、一つの企業がそれぞれから異なる格付けを得ているとしたら、それは「スプリットレーティング」と呼ばれる。そのような状況になれば、その企業の格付けを二社の中間に分類できる。

だが、ジャーナリストたちが日常的に「ジャンク」と呼ぶ債券格付けを有する企業の株式を本当に安心して保有していられるだろうか。もちろん、可能だ。通常、投資適格以下の格付けは貸借対照表の負債がかなり大きいことを反映している。だが、規模が小さいことや、事業の不確実性が高いことなども、企業が投機的格付けとされる一因となる。本章で議論したとおり、実のところそのような特徴は将来ナンバーワンの地位を得るための好ましい兆候となり得る。

「ジャンク」という蔑称が生み出す印象に反して、Ｂａａ３やＢＢＢマイナス以下に格付けされる債券が自動的に破綻企業を意味するのではない。投機的格付けのカテゴリーにはいくつかの「堕天使」が含まれている。それらは、かつては投資適格の格付けを有していたが、格下げされてしまった企業である。なかには債務をデフォルトし、破産を宣告するまで悪化を続ける企業もある。だが、それは本書で探求している企業ではない。一方で実際に、投機的格付け企業の半分は「希望の星」の指定を受け、ナンバーワン銘柄となるなかで投資適格まで格上げされている。二〇二二年までにアドバンスト・マイクロ・デバイセズはスタンダード・アンド・プアーズのＡマイナスにまで上昇し、エヌビディアはＡまでになった。あとで書く「定性的な検討事項」で、それら希望の星たちがナンバーワンとなる年に輝く一助となった信用状況の改善を見分けるいくつかのヒントを提示する。

時価総額

最後に挙げる統計的な選択因子はこれまで完璧に機能したわけではないが、それでも、これを用いることでナンバーワン銘柄の適切な候補を選択できる可能性は改善するはずだ。概して、そのような偉業を達成する企業は最大の時価総額を有し、最も話題となる企業ではない。たいていの場合、前年の普通の銘柄（二五〇位）よりも時価総額（株価×発行済み株式総数）の小さい銘柄に最大限焦点を当てることになるだろう（**図４－４**参照）。

半分の銘柄は、年初時点の時価総額が前年の二五〇位の銘柄の時価総額の三分の一を下回っていた。比率の平均は三三・五％だった。この基準で最低となったのはネットフリックス（二〇一五年）で、たった五％だ。次の段落で議論する二つの例外を除けば、最も比率が高かったのは二〇一八年のアドバンスト・マイクロ・デバイセズで、八〇％だった。比率がこの閾値以下となる銘柄に焦点を当てて調査すれば勝算は高まる。

ナンバーワン銘柄は概して普通のパフォーマンスを示す銘柄よりも時価総額が小さいという調査結果の最も華々しい例外が二〇二〇年の勝者であるテスラだ。この企業はその他重要な点でほとんどのナンバーワン銘柄とは異なる。指数でナンバーワンとなったときの

図4-4　ナンバーワン銘柄の時価総額と前年の250位の銘柄の比較

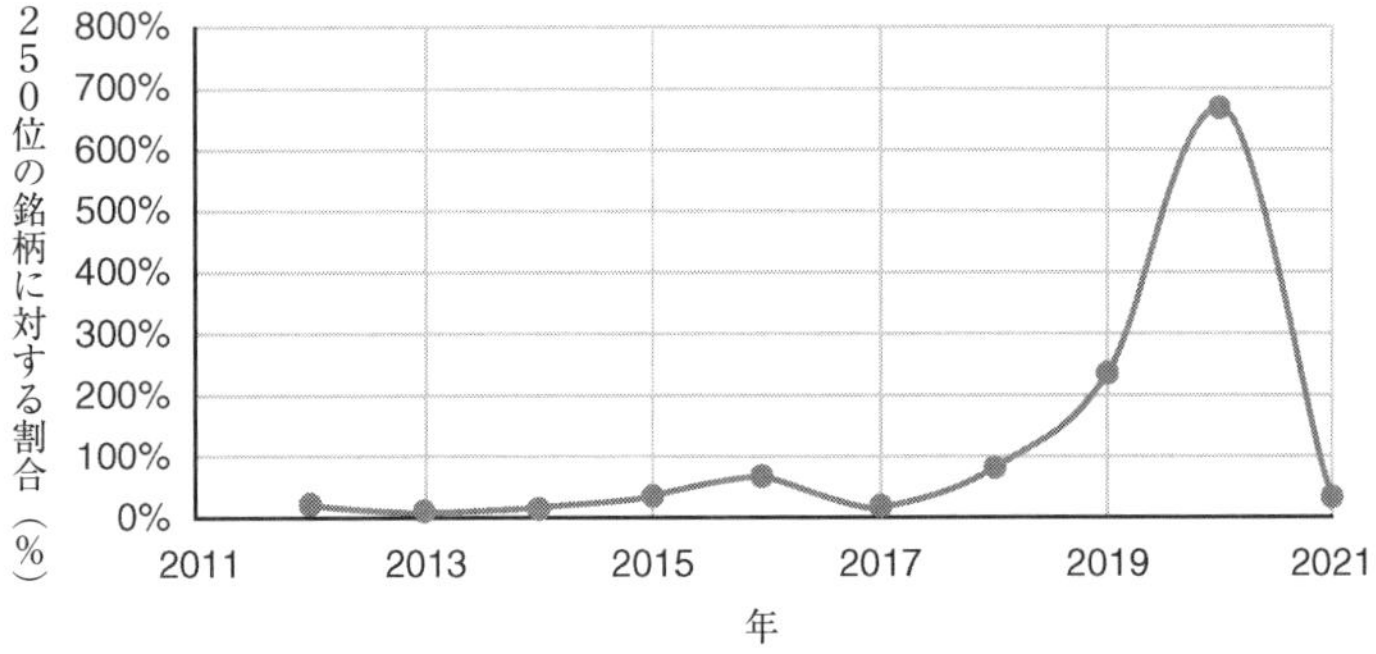

出所＝ブルームバーグ

トータルリターンが七四三％と圧倒的に高かっただけでなく、前掲のボラティリティの**図4－1**でも、外れ値だったことが分かる。また、同社は少なからず派手なＣＥＯ（最高経営責任者）のイーロン・マスクのおかげで、ほかのナンバーワン銘柄よりも有名な存在だった。私の判断では、このようにナンバーワンクラブの例外的な存在と関連する比率に基づいて時価総額を選択因子から外すのは誤りだろう。

最高の栄誉を勝ち取る銘柄は、時価総額が前年の二五〇位の銘柄の八〇％以下となる銘柄のなかから現れるというルールには二つ目の例外があった。アドバンスト・マイクロ・デバイセズの比率はＳ＆Ｐ五〇〇のトップとなった二〇一九年初めの時点で二三六％だった。だが、これは二〇一八年に第一位となったあとのことで、二〇一八年初めの時価総額は二〇一七年の二五〇位の銘柄の八〇％だった。テスラが重要な点でほかの一〇銘柄と異なるように、アドバンスト・マイクロ・デバイセズは唯一、二年連続で勝者となったという点で異例である。おそらく、翌年のナンバーワン銘柄を見つけようとするとき、時価総額にはほかの統計的な基準ほど重きを置くべきではない。だが、アドバンスト・マイクロ・デバイセズはナンバーワン銘柄となった二年のうち一年は例外だったという理由だけで、これを退けるべきではない。

退けられた統計的選択方法

ナンバーワン銘柄を見いだすために何が有効かを知ることが重要であるように、何が有効でないかを知ることも重要だ。証券会社の株式調査を何年にもわたってフォローしてきたあとでは、彼らが「優れた」企業を説明するために用いる特徴が指数でトップのパフォーマンスに至るヒントだと仮定するのも当然だと思われるかもしれない。さらに、素晴らしいリターンをもたらすための明白な要件と思われるその他の特徴について考えることもできるだろう。そして、株価が動く理由について「だれもが知っている」こともある。

おそらく、本書で最も重要な教訓はナンバーワン銘柄について明白なことは何もないということだろう。考え得るあらゆる手がかりは、それが厳然たる事実をもって証明されないかぎり、仮定の域を出ない。証明されていない主張に基づいてナンバーワン銘柄を探すことは、かなり生産性のない道筋をたどることになるだろう。

ウォール街で社債の調査部長をしていたとき、私はトレーダーとして過ごしたそれまでの期間に教えられたことの大部分が誤りであることを証明するために時間を費やした。

●債券が投資適格から引き下げられると、大半の投資家は「ジャンク」という汚名ゆえにそれを遠ざけることは「だれもが知っていた」。そのような債券の時価は当然ながら本源的価値を下回ったが、それによってより賢明な投資家には優れたリターンを上げる格好の機会が生まれる。

●企業が減配すると、債務の返済に充てられる現金が増大することは「だれもが知っていた」。そのため、その企業の債券は最終的に同列の銘柄をアウトパフォームした。

●Tボンドの利回りが高くなればなるほど、投機的格付けの債券とTボンドの利回りの差が大きくなることは「だれもが知っていた」。

これらの考えを実際の市場データを用いて検証すると、あらゆるケースで「だれもが知っていた」ことは誤りであることが判明した。

この調査を行った結果、私は自分があちこちで教えられてきたことの多くは債券の営業マンによるでっち上げだと気づいた。彼らの仕事は、勤務先のトレーダーが抱えるあらゆるものを買うようファンドマネジャーを説得することだった。営業マンたちは証拠に基づいた徹底した検証を受けていない市場の言い伝えに頼り、取引を成立させれば手数料を手にすることができた。市場がどのように機能するかについての意見が実際には別の意見と矛盾する、つまり二つの意見がいずれも正しいことはあり得ないとしても大した問題ではなかったのだ。

たいていの場合、果敢にも由緒ある言い伝えに疑義を呈する者は経験不足ゆえの言動だと中傷されかねなかった。または常識を支持する実例を聞かされることになった。もちろん、「だれもが知っていた」ことと矛盾する例はたくさんあるのだから、それは何の証明にもならなかった。

これはトレードのルールにもつながる。特定の条件が満たされたときはいつでも買う、または売るという考えだ。毎回利益を上げることを期待されるトレードのルールはない。

たいていの場合はうまくいき、長期的に市場を上回るリターンをもたらせば有効だった。

専門家と言われる者たちがトレードのルールを広めているが、それらが有効であることを統計的に証明していないことに私は気づいた。その点について反論されたら、おそらく彼らはトレードはアートであり、科学ではないと「説明」しただろう。そして、自分たちの「市況を読む」能力を自慢したことだろう。

社債市場の言い伝えに関する私の調査に話を戻すが、おかげさまで私の調査結果は機関投資家の顧客たちに歓迎された。一方で私は、調査結果が同僚のトレーダーたちの行動に影響を与えることはないと予想していたが、そのとおりになった。実際にトレーディングデスクの責任者は彼のチームに関して言えば「自分たちは真実を探し求めているわけではない」と語った。彼は正しかった。真実を客に伝えることは彼らのジョブディスクリプションにはなかった。彼らの職務は利益を生み出すことだった。彼らの唯一の関心は、顧客たちはトレーダーや営業マンたちのアドバイスに従うことで成功できるかどうかだった。

公平を期すために記せば、トレーダーたちの怒りを買うことなく、顧客に誤った買いをさせない術を持っている営業マンもいることに気づいた。彼らは、会社から期待されるとおりに提案された取引を提示するのだが、声のトーンを通じて、熱意がないことを客に伝えていた。この戦略は目の前の販売手数料を犠牲にした。だが、顧客との信頼関係を築く一助となり、長期的には営業マンにとってより大きな価値を持った。

ナンバーワン銘柄を探すことに関して言えば余談となるこの話の要点は次のとおりだ。ナンバーワン銘柄とその他多くの銘柄を区別するのは何かという点について、もっともらしい推論はたくさんある。だが、それは、実際に有効かどうかを割り出すためにデータを分析する者がいなければ、推論でしかない。

上述の統計に基づく選択要件は実際に有効だ。それらは私がジョン・リーの助けを借りて検証した数多くの候補のなかでも価値あるものだ。検証を行うまで、それらすべてはナンバーワン銘柄の候補を絞り込むのに有効だと思われた。しかし、良い結果につながったのはほんの少数だった。次に挙げる退けられたスクリーニング方法を調査することで、いくつかの袋小路に陥らずに済むだろう。

私はそれぞれの要件をナンバーワン銘柄だけでなく、毎年S&P五〇〇で最も良いパフォーマンスを上げた上位五つの銘柄についても検証した。検証する銘柄の数を増やすことで結果の信頼性を高めた。候補とした要件には仮説――私が自分で見つけたと思っていた効果――もあれば、実際に私が見つけたものもある。いずれの場合もデータはブルームバーグから入手している。

アナリストが予想する株価上昇率

伝統的な株式分析では株価目標を算出する。その株価目標と現在の株価とを比較することで株価の上昇率を予想する。概して投資家は、アナリストが担当する企業の見通しについて見識を有しているならば、保有すべき最良の銘柄は株価上昇率のコンセンサス予想が最も高い銘柄だと推測するかもしれない。

仮説　上位五銘柄の年初時点における予想株価上昇率は下位四九五銘柄よりも大きかった。

調査結果　上位五銘柄が下位四九五銘柄よりも予想された株価上昇率が大きいというパターンは認められなかった。

五年間の平均収益成長

伝統的な株式分析では、株式を買う根拠の一部としてさまざまな方法で測定された過去の好調な業績を強調する。

仮説　上位五銘柄は上位にランクされるまでの五年間の平均収益成長が下位四九五銘柄よりも大きかった。

調査結果　上位五銘柄の平均収益成長が下位四九五銘柄よりも大きいというパターンは認められなかった。

ＲＯＥの平均成長率

伝統的な証券分析では、純利益を自己資本で割った比率（分母は年初と年末の自己資本の平均）で表されるＲＯＥ（自己資本利益率）を重視する。この収益性の指標の改善傾向がとりわけ強いことが、株式がパフォーマンスの上位に急上昇しようとしている兆候かもしれない。

仮説　上位五銘柄はS＆P五〇〇で最も高いトータルリターンを上げるまでの五年間におけるROEの平均上昇率がほかの銘柄よりも高い。

調査結果　優れたリターンを上げるまでの五年間におけるROEの平均上昇率に関して、上位五銘柄が下位四九五銘柄を上回る傾向は認められなかった。

フリーキャッシュフロー利回りの平均

本書では、株式のバリュエーションを割り出すには一株当たり利益ではなく、フリーキャッシュフロー（FCF）が重要だと何回も述べた。フリーキャッシュフローは営業活動によるキャッシュフローから資本支出を差し引いたものと定義される。上位五社は、パフォーマンスが劣る企業よりもフリーキャッシュフロー利回りが高いと推測するかもしれない。フリーキャッシュフロー利回りは一株当たりフリーキャッシュフローを現在の株価で割った比率と定義される。

仮説　上位五銘柄の前年末時点におけるフリーキャッシュフロー利回りの平均は下位四九五銘柄よりも高い。

調査結果　上位五銘柄のフリーキャッシュフロー利回りが下位四九五銘柄よりも高くなるパターンは存在しなかった。

空売り比率

業績にポジティブサプライズがあると、大きく空売りされている銘柄は慌てて買い戻す空売り筋から追加的な後押しを受けるかもしれない。これは、期初時点で空売り比率が最も高い銘柄が最も高いリターンをもたらす可能性を提起する。この指標は空売りされている株式数を平均日次出来高で割ったものと定義される。

仮説　上位一％にランクされる前年の末時点で、上位五銘柄の空売り比率は下位四九五銘柄よりも高かった。

調査結果　上位五銘柄の年初時点の空売り比率が下位四九五銘柄よりも高いというパター

ンは認められなかった。

インサイダーの買い

公開企業は自社の取締役、執行役、経営幹部による自社株の売買を公表している。これらインサイダーの買いは一般に企業の見通しを最もよく知る個人が、その株式が割安だと考えていることのサインだと解釈される。そのため、インサイダーが大量に買っている銘柄は指数でトップのパフォーマンスを上げると考えられるかもしれない。

仮説　上位五銘柄は上位一％にランクされる前の年のインサイダーによる買いが下位四九五銘柄よりも一貫して多かった。

調査結果　上位五銘柄のインサイダーによる買いが下位四九五銘柄よりも多い証拠はなかった。

格付け機関のアウトルック

ムーディーズやスタンダード・アンド・プアーズは企業の債券の格付けに加え、それら格付けのアウトルックも公表している。それは、企業の格付けの将来の方向性をポジティブ、ステーブル、ネガティブといった具合に指し示している。「定性的な検討事項」で議論するとおり、ナンバーワン銘柄のなかには、指数でトップになる前年に信用状況が改善する兆候を示すものもあった。この好ましい要素は格付けのアウトルックを用いる証拠となるだろうか。

仮説　上位五社はその前年末時点の格付けのアウトルックがポジティブである一貫したパターンがあった。

調査結果　上位五社の格付けのアウトルックにはポジティブであれネガティブであれ、一貫したパターンは存在しなかった。

これらもっともらしい選択方法が有効でなかったのはなぜだろうか

退けられた統計的な選択方法に関するこれまでの議論では、収益成長やＲＯＥといった確固たる支持者を持つ標準的な株式分析を取り上げている。退けられた指標のなかには、本書が主流の株式アナリストが焦点を当てるＥＰＳよりも優れていると紹介しているフリーキャッシュフローに基づくものもある。アナリストの株価目標は上位一％のチャンピオンと下位九九％の等外馬を区別するうえでは役に立たない。市場データや空売り比率やインサイダーの買いから得られる示唆も良い結果につながらなかった。債券の格付けがナンバーワン銘柄の差別化につながること、そして以下に詳述するように、格付けの改善が企業をＳ＆Ｐ五〇〇の最上位へと押し上げる一助となることは分かったが、格付け機関による格付けのアウトルックは、次に最高の栄誉を勝ち取る銘柄を見つける役には立たなかった。これら取り上げた指標は直感的には理にかなっているのだが、どうしてナンバーワン銘柄を探す役には立たないのだろうか。

意外性に立ち返る。株式市場は株式についてすでに分かっていることを反映することではかなり良い働きをする。市場は学者が言うように完全に「効率的」であると信じなくても、優位性を手にしようとしているすべての者たちがすでに入手している情報を用いて平均を上回るのは至難の業であることは認識できる。洗練されたアルゴリズムを用いて将来の株価の変動を予想しようとするクオンツ運用を行う企業は博士号取得軍団を採用しているが、それでも常にうまくいくとは限らない。

証券会社が高い利益や一流の経営陣や健全なバランスシートという実績に基づき株式を勧めるとき、概して彼らは昨年も一昨年も真実であったことを語っているのだ。市場はどういうわけかこれらすべての長所を無視しているが、遅かれ早かれ投資家はその企業の素晴らしさに気づくだろうとセールストークのなかで主張されても、完全に安心して提案を無視し、次なるアイデアに移ることができる。企業の業績が突如予想を上回るようにならないかぎり、市場が自発的にその株式に相対的に高いバリュエーションを付けるようになる理由はない。

ズーム・ビデオ・コミュニケーションズ（ZM）の歴史について考えてみればよい。二〇二二年時点ではS&P五〇〇に採用されていないが、この企業は別の場所にいる人々がビデオを通じて面会することを可能にするオンラインのプラットフォームを提供している。同社は、リモートワークがますます一般的になるに従い、同社のサービスへの需要は時が経つにつれて高まるという期待のなか、二〇一九年四月に公開された。

その直後の出来事を予想している者はいなかった。二〇二〇年一月九日、WHO（世界保健機構）は中国の武漢でコロナウイルスに関連する奇怪な肺炎が蔓延していると発表した。新型コロナのパンデミックに対応して、オフィスが閉じられることはすぐに明らかとなった。自宅で仕事をする従業員たちはリモートでのミーティングが必要となる。二〇二〇年の最初の二カ月で、ズームは二〇一九年全体よりも多くの新規ユーザーを獲得した。四月中旬までにズームは前年末の水準の二倍になり、二〇二〇年全体では株価は四倍ほどになった。

確かにこれは極端な例だ。だが、核心は突いている。つまり、投資家がはるか以前から入手可能だった情報を最終的に取り入れた結果として株価が暴騰するのではない。それには何か予期しないことが起きる必要があるのだ。

きっかけとなる出来事は、ズームのケースのように必ずしもまったく予想だにしなかったことである必要はない。その集団としての判断が株価を決める投資家のかなりの部分が予期しないことであれば、ポジティブなショックとしては十分なのだ。そのため、私が検証した数ある選択方法の一つであるEPS予想のばらつきが有効なのだ。

その銘柄に関与しているすべての者が企業の見通しについて本質的に同じ見方をしているならば、彼らの最良のケースでの結果と最悪なケースでの結果はそれほど変わらない。そして、実際に最良のケースでの結果が現実となることが明らかとなれば、それについてだれも興奮しないだろう。だが、投資家の半分がその企業は失敗すると考えていたとすれば、その他半分の投資家が期待していたほどほどの収益改善でさえ、反対派の認識を変えるだろうし、株価は上昇するだろう。

これまでに、私はナンバーワン銘柄の候補を絞る一助となる具体的で、測定可能な要素を明確にしてきた。また、ある銘柄の当たり年が始まる前に入手できる事実や数字を用いるときの誤った道筋も共有してきた。ナンバーワン銘柄を見いだす過程で残されているのは定性的な判断に関係するものとなるだろう。この難題に取り組む手助けをするべく、私は第2章と第3章で紹介したストーリーから、その銘柄がナンバーワンとなるのに寄与した特定の展開を引き出すことにする。そして、有力候補のうち最良の銘柄に導く一助となるかもしれない幾つかの特徴――完全に数字に落とし込める特徴ではない――について議論するつもりだ。

定性的な検討事項

変化を求める外圧

二〇一七年、NRGエナジーは戦略を根本から見直すことでのろまから先頭を走る企業へと変貌を遂げた。同社は再生可能エネルギーのリーダーになるという野望を捨て、より伝統的な発電による、より安全で安定した利益を選択した。この転換をもたらすうえで、アクティビスト投資家のポール・シンガーとC・ジョン・ワイルダーが役に立った。だが、変化の兆しはその年が始まる前にすでに見えていたのだ。グリーン戦略を構築したCEOは二〇一五年一二月に解雇されていた。風力発電と太陽光発電の事業は二〇一六年には縮小されていた。そしてNRGエナジーは従来の発電事業への投資を増やすべく配当を縮小していた。

エッツィ(ETSY)のケースでは、S&P五〇〇のすべての銘柄に打ち勝つ一年前の二〇一七年には何人かのアクティビスト投資家が現場に到着していた。彼らはエッツィで大きなポジションを取り、戦略の変更を強く求めた。同社が戦略の見直しを行うべくゴールドマン・サックスを雇い入れると、買収観測が浮上した。その直後、エッツィは新たにCEOとCFO（最高財務責任者）、CTO（最高技術責任者）を採用した。費用削減が進められ、もっぱらインハウスエンジニアリングに頼る文化は消え去った。

デボン・エナジーでは、指数でトップとなる二〇二〇年が始まる以前に、経営陣は利回りが低く、回収期間が長い鉱区を売却することで舞台を整えていた。これによって、短期的により大きな可能性を持つシェールオイル鉱区への投資資金が増大した。この戦略の見直しは、当時投資家が求めていたことに合致した。つまり、短期的にROEを高めることである。また、デボン・エナジーは革新的で、効率性に優れた採掘技術を取り入れることでは業界の先頭を走っていると認識されていた。

ダイナミックな技術

環境に何らかの大きな変化がなければ、株価が一年で二倍になることはない。その変化には事業の見通しも含まれるが、それはさまざまな理由で、あらゆる企業に起こることだ。だが、その可能性を増大させるのは、急速に進化する技術だ。

半導体事業は製品のライフサイクルが短いことが特徴である。競合他社は次なる開発過程でリーダーとなるために多様な方法をとる。投資家にはどの方法論が成功するのか確実には分からない。だが、このような事業環境で活動している企業であれば、その株式がナンバーワンとなる可能性を示すその他の要件を満たしていれば実現する可能性は高まる。

二〇一九年、アドバンスト・マイクロ・デバイセズはそのような環境で繁栄した。同社はサーバー、CPU（中央処理装置）、GPU（グラフィックス・プロセッシング・ユニット）のセグメントで大きく前進した。市場関係者は、アドバンスト・マイクロ・デバイセズはパソコンやデータセンターの市場に参入する準備ができていると報じた。

二〇一九年には、当時はまだS&P五〇〇に採用されていなかったエンフェーズ・エナジー（ENPH）が指数でトップとなったアドバンスト・マイクロ・デバイセズの三倍ものトータルリターンを上げた。この目覚ましい結果の鍵となったのは、エンフェーズ・エナジーが技術的にも変化の激しい太陽光発電装置の事業で成功したことだ。バッテリーがなくても稼働することで低コストの選択肢となった同社の第八世代のIQシリーズは競合他社を飛び越えていった。

これまでの章で検証した他の企業のなかでも、ソーラーエッジ・テクノロジーズ、テスラ、デボン・エナジーもそれぞれの業界で技術面ではリーダーだと認識されていた。この特徴が単年で世界を変えるようなブレイクスルーをもたらすとは限らない。そして、株価のボラティリティやEPS予想のばらつきのように容易に定量化できない。だが、技術的な優位性は間違いなくその企業をナンバーワンをめぐる競争に参加させる定性的な検討事項である。

信用状況の改善を示す兆候

信用状況の改善はNRGエナジーやエンフェーズ・エナジーがS&P五〇〇のすべての銘柄を打ち負かす一因となった。NRGエナジーの信用状況の改善は、ムーディーズが格付けのアウトルックをステーブルからポジティブに引き上げたことで、二〇一七年という輝かしい年に知られるようになった。エンフェーズ・エナジーは、S&P五〇〇のすべての銘柄を上回った年（二〇一九年）の前半に、長期借入金をすべて返済したと発表したことで財務体質が改善したことを証明した。

信用状況の改善がとりわけ目立った企業がもう一つある。ムーディーズとスタンダード・

アンド・プアーズはともに二〇一七年にアドバンスト・マイクロ・デバイセズの債券格付けを引き上げた。だが、この引き上げも周知の事実で、ナンバーワンとなった二〇一八年が始まるまでにはアドバンスト・マイクロ・デバイセズの株価に完全に織り込まれていたようだ。それでも同社の財政状況は改善を続け、スタンダード・アンド・プアーズは二〇一九年に再び格付けを引き上げた。

「退けられた統計的選択方法」で記したとおり、債券格付けのアウトルックがポジティブであることが前もってナンバーワン銘柄を見いだす確実な道しるべとはならない。だが、候補となる企業の財政状態を念入りに調べれば、将来信用状況が改善する何らかのヒントは見つかるかもしれない。例えば、アナリストは二〇一六年にはすでにNRGエナジーの健全なバランスシートについて言及していたが、これは同社がS&P五〇〇でトップとなる前年のことだ。

一見すると、この前向きな特徴は企業についてすでに知られていることの部類に属する。私が強調してきたように、株式のとりわけ大きなリターンは何かが変化することで生み出される。これに関しては、一九八六年に発表されたロバート・W・ホルトハウゼンとリチャード・W・レフトウィッチの研究[1]で、NRGエナジーがナンバーワンとなった年に経験したように、株価は債券の格付けそのものの引き上げではなく、債券格付けのアウトルックの引き上げを好感することが分かった。そして、重要なのは格付けのアウトルックではなく、アウトルックの変化なのだ。

候補となる企業の財務諸表を入念に調べれば、アウトルックが引き上げられることを前もって知ることも可能かもしれない。評論家たちが主張するように、格付け機関はバックミラーを見て企業を分析しているというのは正しくないが、彼らは自らの意見を改める前にはっきりとしたトレンドを確認したがる。そうすることで、彼らは企業の運気の短期的な変動に応じて頻繁に引き上げたり、引き下げたりせずに済むようにする。

格付け機関は、債券保有者がそれを求めているのであれば、格付けを熱狂的なまでに変動させる可能性もある。だが、実際には概して債券ポートフォリオのマネジャーは格付け機関に長期的な観点を維持することを強く求めている。そうでなければ、債券のファンドマネジャーは予定した格付けの構成を維持するために、格下げされた企業の債券の売却を迫られることになるかもしれない。そして、時を置かずして格付けが当初の水準に戻ったら、再び買いを入れることになるだろう。このように往復すると、変動する間じっと動かずにいるよりもコストははるかに高くなる。社債の多くは比較的流動性が低いので、回転率の高い取引は取引費用がかさみ、ファンドマネジャーのパフォーマンスを棄損してしまう。

財務比率は債券の格付けプロセスの重要な部分だが、より主観的な要素も作用する。格付け機関やクレジット・アナリストは売上高利益率、ROC（資本利益率）、債務レバレッジ、インタレスト・カバレッジ・レシオを測るさまざまな比率を考案してきた。例えば、私とフェルナンド・アルバレスとの共著『ファイナンシャル・ステートメント・アナリシス（Financial Statement Analysis : A Practitioner's Guide）』[2]には、クレジット分析に関する章でフィッチ・レーティングスが用いているいくつかの比率を取り上げている。だが、**表4－2**で説明しているシンプルな比率を過去数年にわたって算出することで、信用状況の改善トレンドを把握できる可能性がある。

これら信用状況に関する指標が過去数年にわたり好ましい傾向を示していれば、それは翌年のナンバーワン銘柄を探すうえで好ましい定性的要素ととらえることができる。この分析によって、株価の上昇を伴うことが研究から分かっている格付け機関のアウトルックの引き上げを前もって把握できるかもしれない。だが、そうならなかったとしても、企業の信用状況が改善していることが分かれば、その企業が過去にS＆P五〇〇でナンバーワ

表4-2　信用状況のトレンドを見分けるために用いられる比率

（売上高－売上原価）÷売上高

（純利益－配当）÷（負債総額＋自己資本総額）

負債総額÷ＥＢＩＴＤＡ

ＥＢＩＴＤＡ÷支払利息

ＥＢＩＴＤＡ＝利払い税引き前減価償却償却前利益
負債総額＝長期借入金＋短期借入金＋1年以内に満期を迎える長期借入金
負債総額÷ＥＢＩＴＤＡが長期的に減少傾向にあれば、信用状況が改善していることが示唆され、それ以外の比率は信用状況の改善は上昇傾向で示唆される

ンとなった銘柄と類似点があることを確認できるだろう。だが、それも企業の債券格付けがボーダーライン、または投機的格付け（金融メディアが言う「ジャンク」）とされる水準からの改善であることに留意されたい。

支配的な競合他社

本章で取り上げた三つの企業は長きにわたり巨大な競合他社との争いを強いられていた。そのような苦境も、金メダル候補のなかから優勝する銘柄を見いだすことに関しては、実際には好ましい特徴であることが分かっている。イノベーションを起こすか、業界の巨人がつまずくことで競争による苦境を抜け出す

ことが企業をトップへと押し上げる一助となる。

エッツィは、なかでも最も恐ろしいライバル潰しの極め付きとも言えるアマゾンと対峙していた。だが、このかなり小規模なEテイラーがS&P五〇〇のすべての銘柄のリターンをランク外から上回った二〇一八年が始まるまでに、株式調査を熱心に追いかけていた者たちはエッツィが市場の勢力図を変えていることを知っていた。ループ・キャピタルのブレイク・ハーパーは、同社は人工知能に投資することで、自社が活動するニッチ市場への参入に躍起になっているアマゾンに反撃できるようになったと主張した。これは、株式アナリストが業界のダイナミズムを説明するときに役立つ好例だった。

より大きな競合他社による製品分野への侵入はエンフェーズ・エナジーが二〇一九年の離陸に先立って直面した問題だった。すでに発電事業向け市場を支配していたファーウェイ・テクノロジーズは、エンフェーズ・エナジーが注力していた住宅向け市場にも展開し始めていた。この新たな脅威は同社が運命を手中に収めるまでエンフェーズ・エナジーの株価の障害となった。ファーウェイのCFOが、アメリカがイランに課した経済制裁に違反した疑いで逮捕されたこの出来事は巨大中国企業の努力を頓挫させた。

アドバンスト・マイクロ・デバイセズも、二〇一八年に業界の大物がつまずきそうに思われたときに同じように利益を得ている。インテルの特定のチップには欠陥があり、それを用いているＯＳ（オペレーティングシステム）はハッキングされる懸念があるとのリポートを受けて、アドバンスト・マイクロ・デバイセズの株価は上昇した。バロンズ誌がチップにそのような欠陥はないとするインテルの声明を支持したにもかかわらず、アドバンスト・マイクロ・デバイセズは上昇した。これらすべては、チップの主要顧客がインテルへの依存度を引き下げたがっていることを背景に発生した。

常に弱者が、市場シェアを獲得したり、より強力な競合他社による侵入をかわしたりすることを可能にする好機をつかむとは限らない。だが、ナンバーワン銘柄のストーリーが示しているように、企業がトップに駆け上がるためには何か大きな変化が必要である。業界の巨人に抑え付けられていることは、少なくとも市場のダイナミズムに大きな変化が生まれる可能性を生み出す。

非常に不調だった年の補足説明

一つを除くすべてが一〇〇％以上のリターンをもたらしたナンバーワン銘柄に関してこ

れまでに行ってきたヒントの探求は二〇一二年から二〇二一年の期間に基づいている。この期間には、S&P五〇〇が下落した二年が含まれているが、その数年前に起こった世界金融危機が引き金となった本当に恐ろしい下落は含まれていない。二〇〇八年のナンバーワン銘柄であるファミリー・ダラー・ストアーズ(FDO)のリターンはたった三六%だった。だが、より好調な年に有効だった統計的な選択因子は株式市場が大恐慌以来最悪となった年にも当てはまった。

二〇〇七年のファミリー・ダラー・ストアーズのボラティリティは、その年の二五〇位の銘柄よりも三・八五倍も高く、最低限の水準として推奨した一・五倍を大きく上回った。株価目標のばらつきについては、ファミリー・ダラー・ストアーズのフリッドソン・リー統計は一六%で、二〇一二年から二〇二一年までのナンバーワン銘柄に特徴的に見られた一八%という閾値を少しばかり下回ったが、閾値を下回っていたナンバーワン銘柄が示した一一・七%という水準よりは高かった。同社は二〇〇八年時点では格付け機関による格付けを受けていなかった。だが、ムーディーズ(二〇一五年にBa2)とスタンダード・アンド・プアーズ(二〇一一年にBBB)による最初の格付けは、S&P五〇〇でトップとなった年の同社の信用状況は投機的格付け、もしくはせいぜいそれよりも一段階上でしかなかったことを明確に示していた。最後に、二〇〇七年末時点で、ファミリー・ダラー・ストアーズの時価総額はその年の二五〇位の銘柄の四三％だった。これは、三三・五％という平均値とそれほど変わらなかった。

これらの結果に基づくと、本書で取り上げた企業に共通する統計的な指針は、晴雨を問わず、それ以前の期間にも見事に当てはまった。

第5章　頂上への進撃を開始せよ

子供たちの教育費や自分自身の老後資金のために慎重に投資をするという第一の目的に影響を及ぼすことなく、投機の衝動を満足させる準備はできただろうか。

おそらく、株式について友人と議論をし、大きな利益を得た銘柄について自慢したいと思うだろう。そうであるならば、S&P五〇〇の来年のナンバーワン銘柄の共同投資基金を作りたいと思うかもしれない。もしくは、市場との知恵比べを楽しむことが動機かもしれない。

どのような形で投資のスリルを追い求めるにせよ、トップのパフォーマンスを示す銘柄を見つけようとすることは害のない衝動のはけ口となる。もちろん、この努力にポートフォリオの数%以上を委ねることをしなければ、の話ではある。一方で、ナンバーワン銘柄を見つけるために専念した調査は、優れた銘柄を生み出す要因を学べるという形で、確実な配当をもたらすことができる。

ナンバーワン銘柄の選択がうまくいかないとしても、市場をより深く理解することだけが最終的に勝利を収める唯一の方法ではない。選択した銘柄が最終的に上位五位に「しか」入らなかったとしても、おそらくは十分な満足を得られるだろう。二〇一二年から二〇二一年の期間で、S&P五〇〇で第五位となった銘柄のトータルリターンは五七%から一四一%の範囲にあった。

指数の上位一〇位になったとしても立派なものである。五〇位の銘柄のリターンは二〇%から七一%の範囲にあった。最も低い結果である二〇一八年の二〇%でも、S&P五〇〇全体のリターンがマイナス八%であったことを考えればホームランだった。

以下にまとめるすべての手順を踏んでも、選択肢を一つに絞れないとしたら、二~三の銘柄に資本を分散させれば何の問題もない。だが、それも合計でポートフォリオ全体の価額の数パーセント以下に抑えるべきである。ナンバーワン銘柄を選択する何らかの競争を行っているとしたら、その目的に最もふさわしいと思える銘柄を選択しなければならないだろう。

ナンバーワン銘柄の最有力候補はサプライズである傾向にあることに留意しなければならない。サプライズには二種類ある。一つはネガティブなサプライズだ。そのようなサプライズを受ける側にいるとしたら、選択した銘柄は最終的にランキングの下のほうに位置しかねない。だからこそ、その投資アイデアにポートフォリオのほんの一部以上を賭けるべきではないのだ。

その気があるのなら、以下にＳ＆Ｐ五〇〇の来年のナンバーワン銘柄を選択するときに目を向けるべき特徴を要約する（詳細な計算方法については「第４章」を参照）。

次に挙げる定量的特徴のすべてを満たす銘柄を選択すればよい。

●前年の株価のボラティリティがトータルリターンで二五〇位となった銘柄よりも少なくとも一・五倍は高い

●フリッドソン・リー統計（アナリストのＥＰＳ［一株当たり利益］予想のばらつきを示す）が一八％以上

●ムーディーズの債券格付けがＢａａ３以下、スタンダード・アンド・プアーズの格付けがＢＢＢマイナス以下

●時価総額は前年のトータルリターンが二五〇位となった銘柄の八〇％以下（これについて例外となったナンバーワン銘柄がいくつかある）

次に挙げる定性的な特徴を一つ以上有している銘柄を探せばよい。

●変化を求める外部からの圧力
●ダイナミックな技術
●信用状況の改善を示す兆候（格付け会社の債券格付けのアウトルックは含まない）
●支配的な競合他社

本章の最後に、二〇一二年から二〇二一年までの一〇のナンバーワン銘柄が定量的指標をどのように満たしていたかをまとめている（**表5－1**）。この統計数値は、当該銘柄がパフォーマンスのランキングでトップになる前年末のものだ。

さて、株式の見方についてほかで目にしたこととは異なる青写真を手にした。来年S&P五〇〇で最も良いパフォーマンスを上げる銘柄を選択するという難題に魅力を感じるな

表5-1　2012年から2021年のナンバーワン銘柄の統計データ

日付	2012年12月31日
社名	パルトグループ
ティッカー	PHM
業種	一般消費財
250位の銘柄とのボラティリティ比（%）	420.6%
フリッドソン・リー統計	44.4%
債券格付け	
ムーディーズ	格付けなし
スタンダード・アンド・プアーズ	BB－
250位の銘柄との時価総額比（%）	20.1%
日付	2013年12月31日
社名	ネットフリックス
ティッカー	NFLX
業種	通信サービス
250位の銘柄とのボラティリティ比（%）	231.8%
フリッドソン・リー統計	69.6%
債券格付け	
ムーディーズ	Ba3
スタンダード・アンド・プアーズ	BB－
250位の銘柄との時価総額比（%）	49.0%
日付	2014年12月31日
社名	サウスウエスト航空
ティッカー	LUV
業種	資本財
250位の銘柄とのボラティリティ比（%）	175.4%
フリッドソン・リー統計	33.6%
債券格付け	
ムーディーズ	Baa3
スタンダード・アンド・プアーズ	BBB－
250位の銘柄との時価総額比（%）	15.3%

日付	2015年12月31日
社名	ネットフリックス
ティッカー	NFLX
業種	通信サービス
250位の銘柄とのボラティリティ比（%）	185.6%
フリッドソン・リー統計	68.8%
債券格付け	
ムーディーズ	Ba3
スタンダード・アンド・プアーズ	BB－
250位の銘柄との時価総額比（%）	34.4%
日付	2016年12月31日
社名	エヌビディア
ティッカー	NVDA
業種	情報技術
250位の銘柄とのボラティリティ比（%）	146.5%
フリッドソン・リー統計	18.4%
債券格付け	
ムーディーズ	格付けなし
スタンダード・アンド・プアーズ	BB＋
250位の銘柄との時価総額比（%）	62.0%
日付	2017年12月31日
社名	NRGエナジー
ティッカー	NRG
業種	公共事業
250位の銘柄とのボラティリティ比（%）	174.0%
フリッドソン・リー統計	195.7%
債券格付け	
ムーディーズ	格付けなし
スタンダード・アンド・プアーズ	BB－
250位の銘柄との時価総額比（%）	16.3%

日付	2018年12月31日
社名	アドバンスト・マイクロ・デバイセズ
ティッカー	AMD
業種	情報技術
250位の銘柄とのボラティリティ比（%）	284.7%
フリッドソン・リー統計	23.3%
債券格付け	
ムーディーズ	格付けなし
スタンダード・アンド・プアーズ	B－
250位の銘柄との時価総額比（%）	80.5%
日付	2019年12月31日
社名	アドバンスト・マイクロ・デバイセズ
ティッカー	AMD
業種	情報技術
250位の銘柄とのボラティリティ比（%）	626.0%
フリッドソン・リー統計	19.0%
債券格付け	
ムーディーズ	格付けなし
スタンダード・アンド・プアーズ	B＋
250位の銘柄との時価総額比（%）	236.0%
日付	2020年12月31日
社名	テスラ
ティッカー	TSLA
業種	一般消費財
250位の銘柄とのボラティリティ比（%）	184.1%
フリッドソン・リー統計	197.0%
債券格付け	
ムーディーズ	B3
スタンダード・アンド・プアーズ	B－
250位の銘柄との時価総額比（%）	669.1%

日付	2021年12月31日
社名	デボン・エナジー
ティッカー	DVN
業種	エネルギー
250位の銘柄とのボラティリティ比（%）	278.7%
フリッドソン・リー統計	11.7%
債券格付け	
ムーディーズ	Ba1
スタンダード・アンド・プアーズ	BB－
250位の銘柄との時価総額比（%）	32.5%

らば、上述の原則を適用することで、最良の候補に集中できるようになるだろう。ウォール街や独立系の調査機関が発表する株式リポートが、論拠を固める定性的な特徴を持つ企業を割り出す一助となるだろう。

エ・プルリブス・ウヌム、つまり多数（正確には五〇〇だが）から一つへをモットーに前進しよう。結局のところ、指数で最も高いリターンをもたらす銘柄を保有する幸運ではなく、賢明なる投資家となれない理由などないのだから。

用語集

CEO（Chief Executive Officer）
最高経営責任者で、通常は企業の最高幹部を指す。

CPU（central processing unit）
中央処理装置。コンピューター・プログラムの制御や演算を行う電子回路。GPU（参照）などの特化したプロセッサとは区別される。

EBITDA（earnings before interest, taxes, depreciation and amortization）
収益力を示す指標で、利払い税引き前減価償却償却前利益。

EPS（earnings per share）
一株当たり利益のことで、株式のバリュエーションで広く用いられる財務比率。純利益を発行済み株式総数で割ることで算出される。

EV（electric vehicle）

電気自動車。一つ以上の電動機で走行する乗り物。現代の電気自動車はガソリンを燃料とする内燃機関を用いた自動車にとって代わりつつある。

EVA（economic value added）

経済的付加価値。本当の収益性は株主に価値を生み出す場合に発生するものであり、プロジェクトはその資本コストを上回るリターンを上げなければならないという原理に基づく利益指標。税引き後営業利益から投下資本に加重平均資本コストをかけた値を差し引いて算出される。投下資本とは期首時点における自己資本および固定負債の合計である。

FASB（Financial Accounting Standards Board）

米財務会計基準審議会。米証券取引委員会からアメリカの企業ならびに非営利団体の会計基準および財務報告基準を策定する権限を付与された独立の非営利団体。

ＦＲＢ（Federal Reserve Board）
アメリカの中央銀行である連邦準備制度理事会。ＦＲＢは、インフレと失業率の抑制を目的に、連邦公開市場委員会を通じて政策金利の管理を行う。

ＧＡＡＰ（Generally Accepted Accounting Principles）
一般に公正妥当と認められた会計原則。アメリカの公開企業が財務報告書を作成するために用いることが求められる会計原則。

ＧＰＵ（graphics processing unit）
グラフィックス・プロセッシング・ユニット。画像を電子デバイス上に表示することを可能にするチップまたは電子回路。ＧＰＵはビデオゲームや暗号通貨のマイナーに利用されている。

ＰＥＲ倍率（PE multiple）
株価をＥＰＳ（参照）で割ることで定義されるバリュエーション指標。倍率は実績の利益でも予想利益でも算出される。

ROE（return on equity）
自己資本利益率。純利益を株主資本で割ることで算出される業績指標。分母は期首および期末の株主資本の平均と定義できる。

S&P五〇〇（S&P 500）
正式にはスタンダード・アンド・プアーズ五〇〇種指数。アメリカの取引所に上場している大型株から構成される時価総額加重平均指数。

SOX指数（Philadelphia Stock Exchange Semiconductor Index）
フィラデルフィア半導体株指数。半導体の設計、製造、流通、販売を行うアメリカの大手三〇社から構成される時価総額加重指数。

SPAC（special purpose acquisition）
特別買収目的会社。事業を買収するための資金を、新規株式公開を通じて調達することを目的に設立された会社。

WTI（West Texas Intermediate）
ウエスト・テキサス・インターミディエイトのこと。軽質で低硫黄な原油で、最も注目を集める原油価格のベンチマークである。

アクティビスト投資家（activist investor）
当該企業の株価を上昇させるべく、企業経営に変化をもたらすことを目的に上場企業の少数持ち分を取得することに特化した投資家または資産運用会社。アクティビスト投資家がもたらそうとする変化には経営戦略の変更や事業売却も含まれる。

アクティブ運用者（active manager）
関連する市場の指数を上回るリターンを上げようとする資産運用者。対照的に、インデックスファンド（参照）は指数に連動することを目的とする。

アマゾンエフェクト（Amazon Effect）
アマゾンを筆頭とするEコマースが伝統的な小売業界にもたらした混乱や変革。

暗号通貨（cryptocurrency）
通常は政府による統制を受けないデジタル通貨または仮想通貨。多くの暗号通貨がブロックチェーン（参照）技術を用いている。

暗号通貨のマイナー（crypto-miner）
新たに流通する暗号通貨（参照）の生成を行う個人または企業。暗号通貨のマイナーは、新たに発行される暗号通貨を獲得することを目指して複雑な計算問題を解こうとする。

インデックスファンド（index fund）
パッシブ運用の投資信託またはETF（上場投資信託）で、あらかじめ定められたルールに従い、当該投資対象のバスケットに連動することを目的としたもの。

インバーター（inverter）
太陽光発電の分野では、ソーラーパネルから生み出される直流電流（ＤＣ）を、グリッドおよびオフグリッドのネットワークで用いられる交流電流（ＡＣ）に転換する装置。

売上総利益＝粗利（gross margin）
純売上高から売上原価を差し引いて算出される収益指標。

欧州経営大学院（インシアード。INSEAD＝Institut Européen d'Administration des Affaires）
フランスのフォンテーヌブローを本拠とし、ヨーロッパ、アジア、中東、北米にキャンパスを有するビジネススクール。

オプティマイザー（**optimizer**）

直流電源（ＤＣ）から交流電流（ＡＣ）に転換する変換器で、太陽光発電や風力発電システムで生み出される電力を最大化させるためのもの。

温室効果ガスの排出権（**zero-pollution emission air pollution credit**）

電力会社が排出する温室効果ガスの削減効果に対して認証される。電気自動車（参照）にも適用される。

ガイダンス（**guidance**）

経営陣による将来のＥＰＳ（参照）や業績の予想を示した、企業による非公式の報告。

株価目標（**price target**）

アナリストが予想利益や過去の利益に基づき、公正だと考える株価のこと。

空売り筋（short seller）
株価の下落に賭ける市場参加者。空売り筋は株式を売り、借り入れた株式を差し出す。取引がうまくいけば、空売り筋はより低い株価で株式を買い戻し、利益を得たうえで、株式を貸し手に返却することになる。

希望の星（rising star）
発行時点では投機的格付け（参照）されるも、後に投資適格（参照）に格上げされた社債。

クオンツ（quant）
洗練された数学的モデルやデータ分析を用いて取引で利益を上げる確率を評価する、クオンツ運用の実践者。

クッキー・ジャー留保金（cookie jar）
利益が安定的に増大しているように見せるために用いられる会計上の留保金。留保金には後に戻し入れられる人為的に生み出した損失や、相殺されることで収益を生み出すことができる負債などが含まれる。

経済的利益（**economic profit**）

企業が生み出した本当の利益額で、明示的費用と潜在的費用のすべてを考慮したもの。これは、裁量的な会計処理に基づいて算出されるＧＡＡＰ（参照）の利益と対照をなす。

減価償却費（**depreciation**）

損益計算書に計上される会計科目で、耐用年数にわたって費消される固定資産の価額を表す。

高利回り債（**high-yield bond**）

ジャンクボンドを参照。

効率的市場（**efficient markets**）

市場は一時的に発生するミスプライスを即座に裁定するので、優れたリスク調整後リターンを上げることはできないという考え。概してこの考えを奉じる者はインデックスファンド（参照）に投資する。

コングロマリット（**conglomerate**）
いくつもの多角化した事業を営む企業。この企業形態は一九六〇年代に人気を博したが、その後は一般的でなくなっている。

サーベンス・オクスレー法（**Sarbanes-Oxley Act**）
投資家を虚偽の財務報告から守ることを目的に二〇〇二年に議会で制定された法律。この法律は一連の巨額会計スキャンダルを受けて制定された。

債券証書（**indenture**）
社債保有者と社債の発行体との間で交わされる契約で、満期日、金利、期限前償還の条件、デフォルトに該当する事象などを規定したもの。

債券格付けのアウトルック（bond rating outlook）

格付け機関が発表する企業の格付けの中期的な見通し。アウトルックにはポジティブ、ステーブル、ネガティブ、検討中などがある。

再生可能エネルギー（renewable energy）

人類の時間尺度で自然と補充される資源から得られるエネルギー。太陽光や風や水流や地熱などが例として挙げられる。

財務レバレッジ（financial leverage）

企業の資本構造において自己資金に加え、社債や長期借入金などの負債を用いること。レバレッジを用いることで、リターンがプラスの場合にはＲＯＥ（自己資本利益率。参照）が上昇し、マイナスの場合には低下する。

サブ宣誓（subcertification）

ＣＥＯ（参照）がサーベンス・オクスレー法（参照）の求める企業の財務諸表の認証を行

う手続き。だが、部下が行った認証が正確であることを条件に宣誓を行うことで虚偽記載の責任を潜在的に回避できる。

ジャンクボンド（junk bond）
投機的格付け（参照）とされながらも、デフォルトには陥っていない社債。高利回り債の蔑称。

ショートカバー（short-covering）
空売り筋（参照）が、ポジションを取るときに借りた株式を返却するために株式を買い戻すことでポジションを清算する手続き。株価が上昇している株式でショートカバーが行われると、空売り筋が混乱し、それがさらに株価を上昇させることになる。

太陽光発電（photovoltaics）
半導体を用いて太陽光を電力に転換すること。

堕天使（fallen angel）
発行時には投資適格（参照）と格付けされながらも、後に投機的格付け（参照）とされた社債。

チャーチスト（chartist）
テクニカル分析（参照）に依拠するトレーダーやアナリスト。

チャンネルスタッフィング（channel-stuffing）
流通業者や卸売業者に対し、通常彼らが翌期に販売できる量を上回る商品を出荷すること。企業はこの方法を用いることで、過大な商品の売り上げを計上でき、それによって当期の利益を膨らませることができる。

チューリップバブル（tulip mania）
オランダで発生したチューリップの球根のバブルで一六三七年に最高値を付けて暴落した。株式市場で定期的に発生するユーフォリアはチューリップバブルに結び付けられることが多いが、チューリップバブルの実際の歴史とその教訓は経済史家や理論家たちの議論の対象にすぎない。

テクニカル分析（**technical analysis**）
株価の変化や出来高など過去の市場データに基づき、将来の株価変動を予想しようとする証券分析の手法。

投機的格付け（**speculative-grade**）
ムーディーズでＢａ１からＣ、スタンダード・アンド・プアーズとフィッチ・レーティングスでＢＢ＋からＤの範囲に格付けされた社債。

投資適格債（**investment-grade**）
ムーディーズでＡａａからＢａａ３、スタンダード・アンド・プアーズとフィッチ・レーティングスでＡＡＡからＢＢＢマイナスの範囲に格付けされた社債。

トータルリターン（**total return**）
株価の騰落、配当、配当の再投資を考慮したリターンの測定方法。

特別配当（**special dividend**）
企業の普通配当とは別に支払われる再現性のない配当。事業再編などのイベントに付随して発生することがある。

独立系発電事業者（**independent power producer**）
公益事業体ではないが、発電設備を所有し、電力会社やエンドユーザーに電力を販売している企業。

取引ルール（**trading rule**）
繰り返し発生する株価変動のパターンから利益を得られるとの考えに基づき、特定の条件が出来したら取引を実行する計画のこと。

ナノメートル（**nanometer**）
一メートルの一〇億分の一。針の直径がおよそ一〇〇万ナノメートルだ。

ニューエコノミー（**New Economy**）
先端技術を用いる、高成長のハイテク業界を指した言葉で、一九九〇年代後半のアメリカ経済で広く用いられるようになった。この言葉は、かつての製造業やコモディティが中心となった経済からの移行を特徴づけるものである。

ニューヨーク・マーカンタイル取引所（**New York Mercantile Exchange**）
CMEグループが所有する商品先物取引所。エネルギーや貴金属やその他コモディティが取引されている。

のれん（**goodwill**）
営業権のこと。企業が他社をその純資産の公正価値を上回る金額で買収したときに、当該企業の貸借対照表上に計上される無形資産。のれんとは、買収された企業のブランド、顧客関係、独自の技術といった無形の要素の価値を表したもの。

ばらつき（dispersion）
アナリストの株価目標（参照）などの数値の分布度合いを測る指標。フリッドソン・リー統計を参照。

ビート（beat）
アナリストのコンセンサス予想を上回る業績が発表されること。

ビッグバス（big bath）
不調な四半期の業績をさらに悪く見せる会計戦略。理論上、ありふれた損失がそれより多少大きな損失になったからといって、より大きく株価を低迷させることはない。ビッグバスを用いることで、将来の減損処理を回避できるので、企業はその会計期間に本来よりも大きな利益を計上することができるようになる。また、ビッグバスは将来の業績を操作するためのクッキー・ジャー留保金（参照）を生み出すこともできる。

標準偏差（standard deviation）
株式のリターンや株価変動のボラティリティ（参照）を定量化するために用いられる統計指標。

ファンダメンタルズ分析（fundamental analysis）
経済や業界の状況、企業の財政的健全性、経営陣の質といった関連する経済的要素を調べることで株式の本源的価値を割り出すこと。

フリーキャッシュフロー（free cash flow）
営業活動によるキャッシュフローから資本支出を差し引いて定義される財務指標。

フリッドソン・リー統計（Fridson-Lee statistic）
アナリストのＥＰＳ（参照）予測のばらつきを測る指標。最も高い予想値から最も低い予想値を差し引いた値を最も低い予想値で割ることで算出される。

ブルーチップ（blue chip）
業績が安定していることで知られる大手企業の株式。そのような企業の株式は一般に比較的安全な投資対象と考えられている。

ブロックチェーン（blockchain）
暗号通貨で用いられるシステムで、ネットワーク内の取引を記録できる。

ポイント・アンド・フィギュア・チャート（point-and-figure chart）
時間の経過を考慮しないで株価の変動をグラフ化するテクニカル分析（参照）の手法。

ボラティリティ（volatility）
株式や指数のリターンのばらつき（参照）を測る指標。ボラティリティの高い株式は概してリスクの高い投資対象だと考えられている。実際に、主要な金融理論でボラティリティはリスクと本質的に等しいとされている。

ミス（**miss**）
アナリストのコンセンサス予想を下回る決算発表。

モジュール・レベル・パワー・エレクトロニクス（**MLPE、module-level power electronics**）
太陽光発電（参照）システムに組み込まれる機器で、影になるパネルのパフォーマンスを改善するといった効果がある。

優先担保付社債（**senior secured**）
借り手が財政的困難に陥った場合に、弁済順位が一位とされる債券。このような債券は担保として供される資産による裏付けがある。

利益調整（**earnings management**）
経営陣に与えられた会計処理上の裁量を利用することで報告利益を人為的に膨らませる行為。

劣後債（subordinated）

借り手が財政的困難に陥った場合に、弁済順位が上位の債券に劣後する債券。

第2章

1. Mathias Döpfner. "Elon Musk Reveals Tesla's Plan to Be at the Forefront of a Self-Driving Car Revolution—And Why He Wants to Be Buried on Mars." Business Insider. 5 December 2020. https://businessinsider.mx/elon-musk-reveals-teslas-plan-to-be-at-the-forefront-of-a-self-driving-car-revolution-and-why-he-wants-to-be-buried-on-mars/
2. Talon Custer and Vincent G. Piazza. "Devon Energy : Company Outlook." Bloomberg Intelligence. 2 January 2020.

第4章

1. Robert W. Holthausen and Richard W. Leftwich. "The Effect of Bond Rating Changes on Common Stock Prices." Journal of Financial Economics 17, no. 3 (March 1986): 57–89.
2. Martin S. Fridson and Fernando Alvarez. Financial Statement Analysis : A Practitioner's Guide. 5th ed. Hoboken, NJ : John Wiley & Sons, 2022, 328–334.

"Casting Conference Calls." Management Science Articles in Advance. (24 April 2020):2–25. Online version https://pubsonline.informs.org/doi/10.1287/mnsc.2019.3423

15. Jason Zweig. "Great Groveling, Guys : Counting All the Ways Analysts Fawn over Management." Wall Street Journal. 3 March 2017. https://jasonzweig.com/great-groveling-guys-counting-all-the-ways-analysts-fawn-over-management
16. Jonathan A. Milian and Antoinette Smith. "An Investigation of Management During Earnings Conference Calls." Journal of Behavioral Finance (8 February 2017): 65–77.
17. Marc Rubinstein. "Great Quarter, Guys." Net Interest. 21 January 2022. https://www.netinterest.co/p/great-quarter-guys
18. Jeff Sommer. "Why You Should Be Wary of Wall Street's Upbeat Stock Forecasts." New York Times. 22 July 2022. Online version.
19. Persi Diaconis, Susan Holmes, and Richard Montgomery. "Dynamical Bias in the Coin Toss." SIAM Review 1 (2007): 211–235. Online version https://statweb.stanford.edu/~cgates/PERSI/papers/dyn_coin_07.pdf
20. Godfather : Part II. 1974. Online version https://www.quotes.net/mquote/37388
21. Fred Imbert. "Warren Buffett Likes Quarterly Earnings Reports from Companies but Not Guidance." CNBC. 30 August 2018. https://www.cnbc.com/2018/08/30/warren-buffett-i-like-quarterly-reports-from-companies-but-not-guidance.html
22. Andrew Lo and Jasmina Hasanhodzic. Broken Genius : The Heretics of Finance : Conversations with Leading Practitioners of Technical Analysis. New York : Bloomberg Press, 2009.

Journal (2014).
7. Tim Koller, Rishi Raj, and Abhishek Saxena. "Avoiding the Consensus-Earnings Trap." McKinsey & Company. 2013. Online version https://www.mckinsey.com/~/media/McKinsey/Business%20Functions/Strategy%20and%20Corporate%20Finance/Our%20Insights/Avoiding%20the%20consensus%20earnings%20trap/Avoiding%20the%20consensus%20earnings%20trap.pdf
8. Joshua Livnat and Christine E.L. Tan. "Restatements of Quarterly Earnings : Evidence on Earnings Quality and Market Reactions to the Originally Reported Earnings." New York University Stern School of Business. 2004. Online version https://pages.stern.nyu.edu/~jlivnat/Restatements.pdf
9. Bennett Stewart. Best Practice EVA : The Definitive Guide to Measuring and Maximizing Shareholder Value. Hoboken, NJ : John Wiley & Sons, 2013.
10. Peter M. Garber. "Tulipmania." Journal of Political Economy 97, no. 3 (June 1989): 535–560.
11. Omaima A.G. Hassan and Frank S. Skinner. "Analyst Coverage : Does the Listing Location Really Matter?" International Review of Financial Analysis (July 2016): 227–236. Online version https://bura.brunel.ac.uk/handle/2438/12661
12. "Halfway Through Earnings Season, 80% of S&P 500 Companies Are Beating Estimates." Barron's. 5 February 2021. Online version.
13. Ling Cen, Jing Chen, Sudipto Dasgupta, and Vanitha Ragunathan. "Do Analysts and Their Employers Value Access to Management? Evidence from Earnings Conference Call Participation." Journal of Financial and Quantitative Analysis (May 2021): 745–787. Online version https://EconPapers.repec.org/RePEc:cup:jfinqa:v:56:y:2021:i:3:p:745-787_1
14. Lauren Cohen, Dong Lou, and Christopher J. Malloy.

注

まえがき

1．Erin Gobler. "Stonks, Apes, YOLO : Your Guide to Meme Stock Trading Slang." The Balance. Updated 19 June 2022. Online version https://www.thebalancemoney.com/your-guide-to-meme-stock-trading-slang-5216722
2．Vildana Hajiric and Michael P. Regan. "Jeremy Siegel Says It's OK to 'Gamble' on Speculative Stocks." Bloomberg News. 28 August 2022. Online version https://www.thewealthadvisor.com/article/jeremy-siegel-says-its-ok-gamble-speculative-stocks

第1章

1．Joel M. Stern. "Earnings per Share Don't Count." Financial Analysts Journal (July–August 1974): 39–43, 67–75.
2．Hans Wagner. "Free Cash Flow Yield : The Best Fundamental Indicator." Investopedia. Updated 2 July 2022. Online version https://www.investopedia.com/articles/fundamental-analysis/09/free-cash-flow-yield.asp
3．Stern. "Earnings per Share Don't Count," 75.
4．Lisa M. Sedor. "An Explanation for Unintentional Optimism in Analysts' Earnings Forecasts." The Accounting Review 77, no. 4 (October 2022): 731–753.
5．Sebastian Gell. Determinants of Earnings Forecast Error, Earnings Forecast Revision and Earnings Forecast Accuracy. Wiesbaden : Gabler Verlag 2012 and Springer Link.
6．Kenneth S. Lorek and Donald P. Pagash. "Analysts Versus Time-Series Forecasts of Quarterly Earnings : A Maintenance Hypothesis Revisited." SSRN Electronic

■著者紹介

マーティン・フリッドソン（Martin S. Fridson）

ファンダメンタルズの安全性分析（security analysis）に基づいて運用を行うレーマン・リビアン・フリッドソンの最高投資責任者。ニューヨークのCFA協会からベンジャミン・グレアム賞を授与され、ファイナンシャル・マネジメント・アソシエーション・インターナショナルからファイナンシャル・エグゼクティブ・オブ・ザ・イヤーに選ばれた。フリッドソンはFRB（米連邦準備制度理事会）の顧問を務めるとともに、ニューヨーク市行政管理予算局の繰り延べ報酬担当ディレクターの特別補佐官を務めている。ハーバード大学とハーバード・ビジネス・スクール卒業。

■監修者紹介

長岡半太郎（ながおか・はんたろう）

放送大学教養学部卒。放送大学大学院文化科学研究科（情報学）修了・修士（学術）。日米の銀行、CTA、ヘッジファンドなどを経て、現在は中堅運用会社勤務。２級ファイナンシャル・プランニング技能士（FP）。『ルール』『その後のとなりの億万長者』『IPOトレード入門』『株式投資　完全入門』『知られざるマーケットの魔術師』『パーフェクト証券分析』『バリュー投資達人への道』『新版　バリュー投資入門』『鋼のメンタルトレーダー』『投資の公理』『株式市場のチャート分析』『ミネルヴィニの勝者になるための思考法』『アルゴトレード完全攻略への「近道」』『長期的投資の醍醐味「100倍株」の見つけ方』『株式投資のテクニカル分析補完計画』『無敵の「プライスアクション＋価格帯別出来高」FXトレード』『システムトレード　基本と原則【実践編】』『バフェットからの手紙【第８版】』『ロジャー・マレーの証券分析』『漂流アメリカ』『モンスター株の売買戦術』『証券分析【第６版】』など、多数。

■訳者紹介

藤原玄（ふじわら・げん）

1977年生まれ。慶應義塾大学経済学部卒業。情報提供会社、米国の投資顧問会社在日連絡員を経て、現在、独立系投資会社に勤務。業務のかたわら、投資をはじめとするさまざまな分野の翻訳を手掛けている。訳書に『なぜ利益を上げている企業への投資が失敗するのか』『株デビューする前に知っておくべき「魔法の公式」』『ブラックスワン回避法』『ハーバード流ケースメソッドで学ぶバリュー投資』『堕天使バンカー』『ブラックエッジ』『インデックス投資は勝者のゲーム』『企業に何十億ドルものバリュエーションが付く理由』『ディープバリュー投資入門』『ファクター投資入門』『実践　ディープバリュー投資』『M＆A　買収者の見解、経営者の異論』『素晴らしきデフレの世界』『配当成長株投資のすすめ』『その後のとなりの億万長者』『株式投資　完全入門』『パーフェクト証券分析』『新版　バリュー投資入門』『投資の公理』『長期的投資の醍醐味「100倍株」の見つけ方』『長期的バリュー投資の基本と原則』『ロジャー・マレーの証券分析』『漂流アメリカ』（パンローリング）などがある。

2024年1月3日　初版第1刷発行

ウィザードブックシリーズ353

隠れた「新ナンバーワン銘柄」を見つける方法
――目からウロコの大化け株スクリーニング

著　者　　マーティン・フリッドソン
監修者　　長岡半太郎
訳　者　　藤原玄
発行者　　後藤康徳
発行所　　パンローリング株式会社
〒160-0023　東京都新宿区西新宿 7-9-18　6階
TEL 03-5386-7391　FAX 03-5386-7393
http://www.panrolling.com/
E-mail　info@panrolling.com
編　集　　エフ・ジー・アイ（Factory of Gnomic Three Monkeys Investment）
装　丁　　パンローリング装丁室
組　版　　パンローリング制作室
印刷·製本　株式会社シナノ

ISBN978-4-7759-7322-6